中国古代藏书事业

柴美丽◎著

远方出版社

图书在版编目(CIP)数据

中国古代藏书事业 / 柴美丽著. -- 呼和浩特 : 远方出版社, 2016.12
ISBN 978-7-5555-0801-4

Ⅰ. ①中… Ⅱ. ①柴… Ⅲ. ①藏书-图书史-中国-古代 Ⅳ. ①G259.29

中国版本图书馆 CIP 数据核字(2016)第 308050 号

中国古代藏书事业

ZHONGGUO GUDAI CANGSHU SHIYE

作　　者	柴美丽
责任编辑	蔺　洁
责任校对	蔺　洁
封面设计	晓　鸿
版式设计	晓　鸿
出版发行	远方出版社
社　　址	呼和浩特市乌兰察布东路 666 号　邮编 010010
电　　话	(0471)2236471 总编室　2236460 发行部
经　　销	新华书店
印　　刷	呼和浩特市圣堂彩印有限责任公司
开　　本	145mm×210mm　1/32
字　　数	203 千
印　　张	8.5
版　　次	2016 年 12 月第 1 版
印　　次	2016 年 12 月第 1 次印刷
印　　数	1—1000 册
标准书号	ISBN 978-7-5555-0801-4
定　　价	32.00 元

前　言

中国古代的文明极其灿烂辉煌，中国古代的藏书历史可以追溯到3500多年前，而且藏书文化多姿多彩，值得浓墨书写。据记载，中国古代的官方藏书从夏朝便已经出现，夏王室收藏典籍的专门处所称为窖；商朝的汤时期已经把书籍称为册和典，商室宗庙是用来收藏典籍的处所。社会发展到周朝，周王室的官府有专门的藏书处所和管理藏书的官员，著名的思想家老子就做过周朝的柱下史，成为中国古代历史上第一任图书馆的馆长。而到了西汉时期，中国古代的藏书事业走到了第一个高峰，汉武帝设置专管官府藏书的官职太史公，令天下计书，先上太史，副上宰相，开献书之路，置写书之官，外有太常、太史、博士之藏，内有延阁、广内、秘室之府。这个时期，除了官府藏书蓬勃发展之外，私人藏书也开始兴起。

中国古代官府藏书机构应该从秦统一六国正式算起，之前的夏、商、周应是它的萌芽时期。秦朝政府虽然实行过焚书坑儒的政治运动，但它对藏书事业也做出过贡献，秦朝的官府藏书处所称为石室。汉朝政府由于开始广征图书，所以有太常、太史、博士、延阁、广内和秘家六处官府藏书处所。魏晋南北朝设有秘书、中、外三阁以及兰台等官府藏书处所。隋唐、两宋和明清时期也都设有专门的官藏机构。

中国古代历史上的藏书事业可以分为官府藏书、私人藏书、书院藏书和寺院藏书四类。官府藏书是最早出现的藏书形式,历朝历代的官府都拥有数量可观的藏书，而且贯穿了整个中国古代历史。历朝历代的官府藏书几乎都是在接管前朝官府藏书的基础上组织抄写、印刻,以及征集民间的藏书来补充的。而私藏则是随着社会文明的不断发展出现的,春秋战国时期出现了私人讲学与著述之风。孔子就是最著名的代表,其实这个时期,儒、墨、道、名、法和阴阳等各学派都在聚众讲学,他们也开始有意识地收集图书,所以私人藏书首先在这些学者中间产生。惠施就是最早的藏书家,其藏书有五车之多。

总之,中国古代的官府藏书内容偏重意识形态,而私藏则看重珍奇异本,私藏的出现要晚于官府藏书。

中国古代历史上的文献记载中所称的藏书家也指的是私人藏书家。中国古代历史上有名的藏书家有数千位之多,他们对中国历史文化的创造、积累、传播和继承做出了巨大的贡献。书院藏书和寺院藏书则是作为中国古代官府藏书机构之外的另外两种社会机构的藏书形式，它们在中国古代的藏书事业史上占有重要的地位,它们的出现晚于官藏和私藏。唐朝江西德安的东佳书院藏书是最早开始的书院藏书形式。宋朝的书院是最具代表性的,其中最为有名的四大书院是庐山的白鹿洞书院、长沙的岳麓书院、睢阳的睢阳书院和衡阳的石鼓书院。不过书院的藏书量远比不上官府藏书和私家藏书,而且到了明清时期,书院藏书已经走向衰落,尤其到了清朝时期,历史文献几乎对此时期书院藏书没有任何记载。所以本书在写清朝的藏书事业时略掉了书院藏书部分。中国古代的佛寺从魏晋时期开始走向兴盛,寺院藏书分布广,几乎有寺院就有藏书处所,而且寺院中的藏书还有专人校订,有专室收藏。书院和寺院的藏书有一部分为朝廷颁赐,一部分为私人捐赠,另一部分是自己购买所得。寺院的藏书发展到明清时期走向了衰落,所以本书在明朝和清朝的藏书事业叙述中也略掉了寺院藏书部分。

中国历朝历代的藏书事业发展是极为不平衡的。早期,甲骨文、钟鼎文、竹木简和帛书的数量非常少,魏晋到隋唐则是写本书的时代。隋唐之后,造纸术和印刷技术在不断提高,所以宋朝到明清时期是印本书的时代,图书典籍的数量便开始急剧增加。笔者认为,中国古代藏书事业的鼎盛时期应该是官府藏书和私人藏书并举的时期。

中国古代藏书的活动可分为春秋战国时期、秦朝、汉朝、魏晋南北朝、隋朝、唐朝、五代十国、宋朝、元朝、明朝和清朝几个历史阶段,中国自秦始皇统一六国后到鸦片战争爆发前的藏书事业被称为古代藏书史。

据考证,商朝后期的文字已经是能表达一定思想的文字符号了。商朝的甲骨文已经具有了图书的某种功能,而简、牍和帛书则是中国古代最早的图书形式。从春秋战国开始使用的图书材料简,是用竹子作为原料,人工剖成长条形状,一般长约汉朝所用尺度的二尺四寸。古人为了使简防潮、防虫,把竹子剖成条状后还会用火烤,让竹子中的水分充分蒸发后,才会用笔墨在上面书写,这种给竹子蒸发水分的处理方法称为杀青。后来把知识分子自己书文完稿称为杀青的历史追溯即来源于此。孔鲋藏在墙壁中的《尚书》《礼记》《论语》以及《孝经》等图书典籍就是最早的简的书写形式。牍,是用不易变形的木板做的,长度约为汉尺的一尺,牍的制作成本要比简低廉一些。由于简与牍比较笨重,后来一些富有的皇家贵族会选用某些丝织品,在上面书写文字,称为帛书。据考证,中国古代历史上最早的帛书应该是于1942年发现的战国时期的缯书。在东汉蔡伦发明造纸术之前,简和帛书便是当时图书的主要存在形态。

秦始皇于公元前221年统一六国后,中国古代的藏书事业也进入了一个新的时代。秦始皇命部下将当时六国的图书典籍收缴后运往咸阳的皇宫收藏。秦朝官府的藏书处所称为石室,放置图书典籍的柜子称为金匮。秦朝设置有专门掌管书籍典藏的官员,称为御史,而且秦朝也设置有相对比较完整的藏书机构。但是不久,秦始皇为巩固自己的统治,采纳丞相李斯的建议,推行“焚书坑儒”,而且禁止民间藏书。随后,项羽于公元前207年率军火烧咸阳宫,秦朝官府中余下的藏书也化作灰烬。秦始皇和项羽的两把火使中国远古至先秦的大量图书典籍从此绝迹,这无疑给中国古代的藏书事业造成了无法弥补的损失。

刘邦于公元前206年创建西汉王朝。刘邦吸取秦朝的教训,极为重视官府的藏书事业。汉朝开始采取确定蓝本的方法,制做兰台漆书经文,雕刻《熹平石经》。而且汉朝确立有严格的官府藏书制度,开创了校勘、编撰官府藏书目录的先河。武帝和成帝时期,都发动过到民间广泛征集图书典籍的活动,征集回来的图书典籍由朝廷组织人员重新进行校订、校雠并加以整理。汉光禄大夫刘向和刘歆父子受命对藏书进行整理、校勘,编撰有《别录》和

《七略》两部目录书。在《别录》中，刘向先核定正本，然后参阅它本校正，写出提要并且注明整理、编辑过程，列出作者生平、主要思想和内容概要。刘歆继刘向之后编写了《七略》，书中把各种藏书分为六艺略、诸子略、诗赋略、兵书略、术数略以及方技略六大类，开拓了中国古代藏书目录史的新篇章，成为中国古代第一部系统性的综合藏书目录。这种图书分类法比较系统和科学，当德国的万象分类法出现时，刘歆的《七略》已经存在了1500多年。东汉时期，管理图书的兰台令史班固撰写的《汉书·艺文志》不光是一部史学著作，也是中国现存最早的综合性官府藏书目录书。汉朝建立国家藏书机构，到民间广泛征书、访书，设专人对收藏图书进行校勘编制等一系列藏书制度，为后来的历朝历代承袭与仿效。

汉朝时期，石渠阁、天禄阁、麒麟阁、太常、太史、博士和兰台都是官府专用的藏书处所，汉朝的皇宫内也专设有延阁、广内和密室等藏书之地。西汉时，还设有御史中丞、太常等兼职官员来管理藏书。到了东汉，管理图书的政府机构转为专职，管理图书的中央机构称为秘书监，设置的官员有兰台令史、校书郎和秘书监等。汉惠帝时，废除禁止私人藏书令，私人藏书便先在一些诸侯王和具有权势的大臣中兴起，当时有名的藏书家有淮南王刘安、河间献王刘德和蔡文姬之父蔡邕等。

魏晋南北朝时期的政局动荡不堪，战乱不断，一定程度上影响了藏书事业的发展。这个时期，政权像走马观花一样换来换去，但只要政局稍微稳定，朝廷便会组织官员进行征书活动。虽然因战乱大量藏书被毁，但对藏书目录的编撰活动仍在向前发展。而且魏晋南北朝时期，图书典籍已经逐渐摆脱简、牍与帛的形式,逐渐以纸张作为载体。公元 403 年,东晋的恒玄下令废简用黄纸,从此图书典籍进入了纸本时代。而且,这个时期,书写形式也不再用隶书,改为整洁好认的楷书。所以,也是从这个时期开始,抄录书籍逐渐形成风气,许多珍贵的图书典籍由此被保存流传下来。

魏晋南北朝时期,各个短命的王朝在官府藏书管理机构的设置上,基本上都延续了汉朝的做法,也设置有专门的政府藏书机构以及专职的藏书管理官员,对藏书也进行校订与整理,编撰有藏书目录书。据统计,魏晋南北朝时期总共有十多次的官府校书活动,不仅编撰有综合性的藏书目录,还编撰有专业性的藏书目录。当然,专业性的藏书目录主要是关于佛经与道藏方面的。其中西晋荀勖编撰的《中经新簿》将藏书分为甲、乙、丙、丁四类,分别对应经部、诸子、史书、诗文集,是中国古代最早以四部分类法分类的一部目录书。后来,东晋的李充在借鉴荀勖分类法的基础上,编撰出一部经、史、子、集四部分类法的目录书。这种分类体系最终成为后来历朝历代沿用的图书编目的分类方法。魏晋南北朝时期,私人藏书家也逐渐增多,比较有名的藏书家有王弼、张缵、张华等。而且,私人编制图书目录的活动也是从这个时期开始的。

隋朝结束了南北朝的分裂状态, 开始了自己短命的统治时期。隋炀帝推行科举取士制度,极大地推动了中国古代藏书事业的发展。而这个时期的图书形式也由卷发展为册, 印刷术的发展,使写本和印本同时存在。隋朝政府对官府藏书非常重视,所聚图书典籍数量大大超过了前朝。隋朝官府藏书处所有东都洛阳宫内的观文殿、妙楷台和室迹台等, 对图书典籍进行分类收藏。隋朝还把图书典籍根据质量分为上、中、下三品。当时,隋炀帝的观文殿中设有皇帝专用的书房,内中设有机关,踏动机关会使幔帐自动升落,书房的门以及藏书柜也可以自动打开,可见当时的建筑设备已经十分先进。隋朝时期,政府对私人藏书是有限制的,不允许私人随便藏书,所以,隋朝的私人藏书家很少,比较著名的藏书家有许善心和颜之推等少数几位。而且,隋朝末年的战乱也使藏书事业遭受了严重的损失。

唐朝时期,又是藏书事业的鼎盛时期,尤其是开元盛世时,将官府藏书的盛况推向了顶峰。唐朝对官府藏书也进行了分类、整理,并将图书典籍缮写有正副本,分藏于长安和洛阳的官府藏书处所。唐朝的藏书整理按经、史、子、集四部分类,分别入藏于四个书库中,史称四库书。

唐朝沿袭隋朝的制度,仍由秘书监掌管藏书,并在秘书监下设有秘书少监等专职管理图书的官员。唐朝著名诗人白居易就被授予过秘书校书郎的官职,即国家图书馆馆长。唐朝也曾数次向民间征集图书典籍,当时最大的从事藏书的机构是集贤书院,还有弘文馆和史馆。得益于雕版印刷术的发展,唐朝的私人藏书事业发展很快,但当时私人藏书家的身份还是以官吏为主,比较有名的藏书家有颜师古、韦述和柳宗元等。而且,也是从唐朝开始形成的风气,藏书家开始习惯于给自己所藏图书典籍盖上印记,图书专用章也由此出现。

隋朝与唐朝两代对图书典籍的分类,都沿用了经、史、子、集四部分类法,各部又分出若干的细目,经部下面归有易、书、诗等10个类目,史部下面归有正史、古史、刑法等13个类目,子部下面归有儒、道、天文、医方等14个类目,集部下面归有楚词、别集、总集3个类目,并在后面附着了道经。隋唐的这种对图书典籍的分类方法一直延用到清朝末年,有1300多年之久,由此也可看出这种分类方法的科学性。

等到了五代十国时期,社会又进入一个动荡不安的混战时期,中国古代的藏书事业由此又受到极大的限制,历经唐朝的安史之乱与五代十国的割据和战乱,图书典籍遭到极其严重的损失。

在宋朝与元朝时期,由于社会又进入安定统一的阶段,所以这段时期又成为中国古代藏书事业的一个非常重要的发展时期。这段时期里,官府藏书、私人藏书、书院藏书和寺院藏书并驾齐驱,中国古代的藏书事业走到了历史上最繁盛的时期。之后,官府藏书、书院藏书以及寺院藏书都逐渐走向了衰落,尤其是书院藏书和寺院藏书,到了清朝时期更是无从谈起,相反,私人藏书越来越壮大,直至最后成为社会的一种普遍现象,人们以藏书、读书为乐。宋、元时期,印刷术已经发展到日臻完善的地步,所以,这一时期里官刻、私刻、坊刻随处可见,而宋元时期的刻本也堪称完美,校勘较细、装帧精美,成为后来被所有藏书家都珍视的善本。

宋朝政府也曾多次下诏向民间访求图书典籍,为了征得珍奇善本,宋朝政府规定了历朝历代都难以企及的丰厚的征奖办法,宋朝也是在中国古代历史上向民间求书、访书以及购书次数最多的朝代。当时的崇文院是宋朝管理藏书的中央机构,史馆、昭文馆、集贤书院和秘阁是其藏书处所。宋朝时期,书院的藏书也走到了兴盛时期,庐山的白鹿洞书院、长沙的岳麓书院、商丘睢阳的睢阳书院和衡阳的石鼓书院成为当时最著名的四大书院,藏书规模堪称巨大。而宋朝的私人藏书也形成气候，藏书成为当时人们的一种时尚行为，著名的藏书家有李昉、欧阳修、郑樵和李清照等。

宋朝在图书分类与编目之上也做出了重要的贡献，郑樵编撰的《通志·校雠略》和陈振孙撰写的《直斋书录解题》是当时最重要的两部目录学著作。《通志·校雠略》阐述了类列、著录、注释的藏书观点，提出以学术类别分类的建议，对之后中国目录学产生了极高的影响；而且书中还有图书内容介绍、人物评介、选材范围记叙以及编纂时间和版本的标示，开创了解题目录的先河，成为之后历朝历代沿用的范本。

元朝是一个崇尚武力的朝代，所以元朝藏书事业的发展相较其他朝代要缓慢一些。元朝接管了金和南宋的官府藏书，也设置有国家藏书机构——秘书监。元朝是蒙古族统治的朝代，但私人藏书家以汉人为主，当时比较有名的藏书家有王世昌和庄肃等。

明朝的藏书虽然在规模与数量上都大大超过了宋朝，但是这个时期的藏书发展开始走向不平衡，私人藏书剑走偏锋，越来越繁盛，并且远远超过了此时的官府藏书，校勘精审的善本多数被私人藏书家收购而去。这个时期，私人藏书家的范围也比较集中，主要聚集在经济文化比较发达的江浙以及东南沿海地区。著名的藏书家有范钦、毛晋和钱谦益等。在中国古代历史上，藏书往往与学术联系在一起，在这个时期表现得更为明显，学术氛围推动了藏书的风气，而藏书的风气反过来又促进了学术氛围的形成。明朝政府取消了前代官府藏书机构的独立性，官府藏书事业由别的机构附带管理。明朝官藏的主要处所是南京的文津阁，著名的《永乐大典》就是在这里编撰的。而当时的国子监、地方各府与州也有一定的藏书量，但很多的图书典籍都是通过朝廷颁赐得来的。南京的藏书殿阁于明英宗正统十四年(公元 1449 年)发生火灾，一把大火使所藏宋元以来的珍奇善本消失殆尽，致使明朝官府藏书遭受重创。

清朝在中国古代历史上存在有 260 多年，其中康熙到乾隆皇帝的 120 多年的统治时期就是著名的康乾盛世，边疆相对稳定，手工业发达，文化十分繁盛，读书与藏书之风遍及民间，藏书事业发展很快。康熙与雍正先后下令编纂完成的《古今图书集成》，收集了从先秦到清朝 2000 多年间的图书典籍，成为一本大型的官修目录图书。乾隆当政时期，政府组织人员编纂了《四库全书》，纪昀任总纂修官，把所征集的全部图书详细校正，依经、史、子、集四部名目分类汇编，另外还加编有《四库全书总目》，收录图书典籍 3461 种，79309 卷；另加存目 6793 种，93551 卷，总计 10254 种，172860 卷。乾隆朝之前的中国古代的图书典籍基本上都被收录了进去。而且《四库全书总目》的分类法成为后来中文古籍的统一标引分类法，至今，古籍的检索仍在沿用这种分类法。清朝沿用了明朝的官府藏书制度，没有独立的官府藏书机构，官府藏书处所除翰林院与国子监外，藏书多被收置在宫廷内，所以清朝的官府藏书也被称为皇家藏书。清朝的皇家处所总共有南北七阁：紫禁城内的文渊阁，圆明园中的文源阁，承德的文津阁，沈阳故宫的文溯阁，镇江的文宗阁，扬州的文汇阁以及西湖的文澜阁。南北七阁中都收藏有《四库全书》和《今古图书集成》。

清朝的康熙和乾隆皇帝都比较重视藏书事业，曾设置各种奖励来征访、编纂、刻印图书。其中乾隆皇帝奖励征书的办法有：献书百种者，择精本，皇帝题词，录后返还；赏赐官修大型图书；献书多者，封其藏书家，其姓名附载于各书提要之后留名。所以此次征书活动成为中国古代历史上征书最成功的一次，从民间征集到图书多达一万种之上，极大地充实了国家藏书，致使中国古代的官藏图书典籍的数量达到了顶峰。

乾隆对官府藏书事业做出了很大的贡献，但他也因大兴文字狱销毁了很多图书典籍，致使毁誉参半。清朝的私人藏书也走到了中国古代历史的顶峰，尤其是这个时期藏书家们积一生心血所经营的藏书楼更是达到成熟的状态，藏书楼是承担图书典籍收藏、管理、研究以及校勘的主体。清朝最为有名的藏书楼有常熟瞿氏的铁琴铜剑楼、归安陆氏皕宋楼和杭州丁氏的八千卷楼等。

目　录

秦朝之前的藏书事业

秦朝之前的藏书事业

中国的历史悠久绵长，在几千年的丰富文化的传承中，我们的祖先很早就开始重视图书典籍的收藏与整理。我们可以这样说，大约自我们的祖先懂得收藏文献典籍的那刻起，中国古代的藏书事业就算诞生了。虽然它的形成与发展，直至最后组成完备的规模，经历了历史的风霜和洗礼，甚至那时也无藏书一说，但这无疑是藏书事业的萌芽时期。

我们可以把秦国统一六国之前的藏书形式称为中国古代藏书事业的雏形，它经历了夏、商、周以及春秋战国四个时代。这个时期也是中国奴隶制社会由形成到鼎盛又到衰落的时期，奴隶制社会的文明促进了文化的发展，文字的出现以及非纸质的文字载体的出现，促使藏书活动随之出现。这个时期的藏书事业因为文字和文字载体的局限，显得薄弱而幼稚，但是它同样经历了一个由产生到发展壮大的过程。而且，夏、商、周以及春秋战国时的藏书事业主要是由官府来主持进行的，这个时期，没有书院，也没有寺院，普通老百姓没有权利接近图书典籍，自然也没有私人藏书活动出现。

夏朝的藏书

中国古代文字的产生是书籍形成的基础,而书籍的产生又是藏书事业产生的必要的物质前提。中国早在原始社会末期就出现了原始的图像文字,傅璇琮和谢灼华在《中国藏书通史》中认为中国古代的官方藏书事业在夏朝就已经出现了。殷墟收藏甲骨的藏书处所称为窖。

传说伏羲、神农、皇帝三皇所著之书为三坟,少皋、颛顼、高辛、唐、虞五帝所著之书为五典。据《尚书》记载:“古者伏羲氏之王天也,始画八卦,造书契,以代结绳之政,由是文籍生焉。”仓颉在皇帝时代就创造了广泛流通的文字,年代远远早于夏朝,但是那毕竟是传说,没有实据可考。

中国远在夏朝时(公元前 2070—公元前 1600 年)便有了图书典籍,而且这些图书典籍到了春秋战国时代还在被人们所引用。《礼记·礼运》里面就引用了《夏时》里面的话,《逸周书·文传解》里面提到了《夏箴》,《左传》引用了《禹刑》里面的话,《孟子·梁惠王下》里面谈到了《夏谚》,《尚书·夏书》中保留有《甘逝》《胤征》等篇。而且,夏朝时,人们已经有了收集图书典籍的意识。《吕氏春秋·先识》中说："夏太史令终古出其图法，执而泣之。夏桀迷惑，暴乱愈甚。太史令终古乃出奔如商。"这说明在夏朝已经设有史官，史官具有掌管图书典籍的职责。《墨子·非命下》中说："子胡不尚考之乎商、周、虞、夏之记，从十简之篇以尚。"这说明商、周、虞、夏的编书制度以十篇编为一卷。我们可以这样推想，如果夏朝只是生产出图书典籍却没有有意识地收藏，那么那时候的图书典籍也就不可能被后人看到并且拿来引用。不过有关夏朝的藏书情况并没有留下确凿的实物证据，也就是说，殷墟窖藏甲骨只是迄今为止推知的中国古代最早的官方图书典籍的集藏机构。

殷墟窖藏属于已知的中国古代最早的官方藏书机构，在中国古代的藏书事业研究中占有重要的地位。台湾学者卢荷说：藏书事业的出现需要有两个先决条件，有文字记录的资料和先民保存观念的形成。因此，讨论殷墟窖藏甲骨卜辞的收集、整理、管理和利用，对于认识商朝的藏书事业的基本面貌是有意义的。

从中国古代遗留下来的文献记载中可以看到，夏朝已经设有史官一职，史官的职责相当于我们现代图书馆的馆员身份，但肯定又与我们现今的馆员有很大的区别。

殷墟窖藏的官员为史官，我们这里有必要辨析一下史官一词，因为在中国古代很长一段时间里，藏书机构都是由史官来执掌的。史一般来讲有两个意义。第一个意义，史就是我们通常所理解的记录历史的官员。《说文》中给"史"下的定义："史，记事者也，从又持中。"后来清朝的儒江永在《周礼疑义举要·秋官》中认为："凡官府簿书谓之中，故诸官言治中、受中。《小司寇》'断庶民讼狱之中'，皆谓簿书，犹今之案卷也。此中字之本义。故掌之书者谓之史，其字从又持中。又者右手，以手持簿书也。"史字为以手持簿案卷。所以说古代的书策皆由史掌之，他们的职责即是“专以藏书、读书、作书为事”。第二个意义，我们追本溯源，殷墟窖藏时期的史，他们执掌的书策首先与天文、术数有关。汉朝学者应昭在《汉官仪》中专门对太史令做注解，说：“太史令秩六百石。望郎三十人，掌故三十人。昔在颛顼，难正重司天，火正黎司地。唐虞之际，分命羲和，历象日月星辰，敬受民时。至于夏后、殷、周世序其官，皆精研术数，穷神知化。”可见，那时候的太史令有观测天象、制定历法等工作。

由此可以推测，殷墟窖藏时期的图书管理员身份是亦史亦巫的，王前巫而后史，所以杨向奎先生说“史之源流，乃神、巫、史相传。由神而巫，由巫而史”是有道理的。

商朝的藏书

商朝伊始，中国古代的奴隶制社会文明又向前迈进了一大步，图书典籍的记载与收藏也比殷墟时代发达多了。

据统计，自1899年秋古文字学家王懿荣首先发现第一批商朝卜骨以来，到20世纪末，已有15万片以上的商朝甲骨被发掘出土。商朝甲骨主要以河南安阳出土的商朝晚期（公元前14—前11世纪）王室占卜记事用的龟甲和兽骨为代表，此后还在四盘磨、小屯、大司空村、苗圃北地和后冈等处出土商朝甲骨。

商朝的甲骨主要是用来占卜的，那时候的统治者迷信鬼神，占卜活动频繁，几乎天天占、事事卜。商朝的统治者占卜的内容很多都是他们所关心的问题，和平民老百姓很少有牵扯，他们通过贞人向上帝、鬼神、先公先王问各种问题，看看他们正要做的事是吉还是凶，祈求能得到祖先和神灵的护佑。商朝统治者所占卜的内容丰富多样，有对祖先和自然神祇的祭祀与求告，有对风、雨、水、火以及天象、农事、年成的关注，也有对周围各国战争的关注，还有商朝大王自身的田游、疾病、生育以及对旦夕祸福的占问，等等。

商朝统治者占卜后记载文献内容所用的材料主要是甲骨，即龟腹甲和牛胛骨。据考证，削锯龟甲时，先将腹背锯开，去掉腹甲外沿，再将其内刮磨平整。背甲则从中间剖开，再锯去首尾两端，呈鞋底形状。经削锯处理的龟甲都要去掉鳞片，并将其正反面打磨平整；整治肩胛骨时则先要切去一部分骨臼，再切去突出之臼角和削平骨脊，最后将正反面打磨光滑。锯削后甲骨还要在背面施以凿、钻，但也有少量牛胛骨在正面施凿钻，凿为长槽状或枣核状。凿旁挖一个圆窠，即为钻。龟甲以中间千里路为界，左甲钻在凿右，右甲反之；牛胛骨左胛骨钻在凿右，右胛骨反之。

甲骨上的卜辞一般很有规律，刻辞迎兆并与一定的卜兆有关。龟腹甲右侧卜兆向左，文字右行；左侧卜兆向右，文字左行。甲首或甲尾部分，或者近甲桥边缘部分，卜辞由外向内行，背甲与之相反。商人占卜往往从正反两个方面问疑，反应在龟甲上则有位置相应的左右对贞。牛胛骨中右胛骨卜兆向右，卜辞左行；左胛骨卜兆向左，卜辞右行。只有上端近骨臼处的两条卜辞由中间读起，在左左行，在右右行。牛骨上的各条卜辞，或自下而上刻写，或自上而下刻写，其间往往有界限相隔。每一件事往往反复对贞，但也有不同之卜交错排列，各为相间刻辞；有时甲骨正面的卜辞无处容纳，则转刻于背面，此即正反相接；有时反复卜问同一件事，便将内容基本相同的卜辞分别刻于数版甲骨之上，只是各版卜序不同，这就是卜辞同文。而且在早期的甲骨中，有时还将刻文以朱砂或墨填涂，也有少数甲骨上的文字不是刻写，而是用“毛笔”朱书而成。

这样的文献载体形式形成后，就被商朝统治者有意识地收藏起来，所不同的是，商朝统治者不再像夏人那样将文献典籍藏在窖中，而是收藏在他们的宗庙里。所以说，宗庙是商朝的藏书机构。

据考证，商朝的文献载体形式，除开甲骨，还有用竹木制成的简策，策也写作册，这也是现今一本书为一册的起源。因为年代太久远了，商朝的简策大多腐朽失存，留下的便只有坚韧耐磨的甲骨了。而且，据说《易经》这本中国古代的天书就产生于商朝。

西周的藏书

周朝是中国古代奴隶社会的鼎盛时期，那个时候讲究礼乐，制度比较完备，文化相比商朝算是空前繁荣。周朝天子非常重视相关文献的收集整理，形成了上至周天子和诸侯国、下至一般官府的藏书制度。自西周开始一直到春秋前期，周朝天子的藏书活动始终开展着，周朝的官府藏书制度也在不断地健全和完善中，期间成立了专门的藏书机构，称为盟府，里面配置了专门的官员负责对藏书进行管理，逐渐形成官府藏书的收集、整理、保管、使用等一系列完整的构架体系。据说当时的藏书机构工作由府官和史官负责，而府官和史官组成了天、地、春、夏、秋、冬六大由国家机构所管辖的官系。府和史分为两种，第一种是统治者独立部门的府、史，独立部门的府、史受六官官府管辖；第二种是非独立部门的府、史，非独立部门的府、史一般情况下设置在六官官府之内。重要图书由各史分工保管，六官官府之内的内部文书资料由各个官府之内下属的府、史进行保管。

周朝遗留给后代的许多重要文献资料，除了源自官府藏书机构之外，很大一部分属于周天子的御书。天子御书是专门供周天子进行阅览的图书典籍，周朝还专门设置了保存天子御书的场所，称为室。天子阅览室当中所保存的图书和其他六大官系部门所保存的图书资料在内容上有较大差别，那里面的藏书内容多数偏向于国家治理的方面。

周朝政府的另一个藏书机构是宗庙。周朝时期，周天子要在宗庙里进行很重要的占卜活动，当然还要举行许多祭祀活动。关于这些活动的记载会保存在宗庙里。周朝时期，周天子的很多重要活动都与占卜有关，他们几乎什么都要占卜一下，官府的战争、农业收成和天气等方面的内容都在占卜之列，所以宗庙里收藏的这些占卜资料就成了后人全面了解周朝的重要史料。

周朝各诸侯国的藏书机构同属于周朝官府藏书机构之列，是周朝藏书机构的重要组成部分。各诸侯国的官府藏书相比周天子的收藏可能就会相对差一点，他们主要收藏周天子所赐予的图书典籍，当然还有诸侯国春官官署收藏的礼书，以及布政场所收藏的诸侯国天官、地官、夏官、秋官的相关图书典籍。

周朝的官府藏书相对集中，那个时候藏书量也算丰富。而且周朝的官员很聪明，在政务日渐忙碌、简策繁重的情况下，他们就设官分守，以官秩为部秩，即以事物分类代替所藏典籍的分类。最早提出这种观点的是清朝学者章学诚。他认为，周朝“私门无著述文字，则官守之分职即群书之部秩，不复别有著录之法也”。后来蒋元卿先生接受并进一步发展了章氏的学说。他说周朝典籍渐多，政事亦繁，且以收藏不易，故乃设官分守，“即以宫秩为部秩也”。再后来，我国学术界在探讨图书分类和目录学之起源，或探讨先秦时期的藏书事业史时，一些学者如白国应、罗元杭、蒋志伟等继续坚持这种观点。但也有学者认为周朝官府的藏书管理不是“以官秩为部秩”，是有科学分类的，而且那时期的藏书管理科学分类还挺细致复杂的，他们任劳任怨、忍辱负重、甘当人梯。而且这也是以学术分类为依据的，中国最早的图书分类目录《七略》中的六分法，至少可以追溯到周朝官府的藏书管理上。不管按官部管理还是按科学分类管理，都说明周朝时期的官府藏书管理制度已经形成有自己的规模，并对后世产生了深远的影响。

周朝的主要图书典籍藏在盟府或故府里，里面的图书管理员是史官。《周礼》对周朝的史官有详细的记载，周朝的史官分门别类，有太史、小史、内史、夕长史和御史等，他们的职责是负责卜朝政令典制的起草、公布，典籍保存与捧吐、降议及蒸翔所劣肇科翔积累和整理。后来的《隋书·经籍志》对周朝史官的各种职责更是做过详细的描述："太史掌建邦之六典、八法、八则，以诏王治；小史掌邦国之志，定世系，辨昭穆；内史掌王之八柄，策命而贰之；外史掌王之外令，及四方之志，三皇、五帝之书；御史掌邦国都鄙万民之治令，以赞冢宰。"从周朝史官各自的职司来看，并不是专门为收藏典籍而设置的，而是朝廷很重要的文化性质的官员，但是他们也兼负着保管、收藏及利用图书典籍的工作。太史所职是国家大典、法律、约章，同时又担负着周王室与诸侯间类似外交性文件的保藏，以及提供王室处理政务和外交事务的凭证和参考。所以，太史所职又具有王室秘书档案文件保存的作用，并为形成以后的官府藏书体系奠定了基础。小史的职责是管理周王室的家族谱牒，用以王位继承、分封诸侯以及祭祀之参考，并且收藏各国史事记载之类的著作，以备分封和王室裁决诸侯承袭职位的参考。内史主要是职掌王室之法律文件，并颁布于各地，故要存留两份，以备参考校勘之用。外史职掌各诸侯国的志书、历代留存的典籍以及三皇五帝的书籍。这样日积月累，形成了各自的藏书特色。所以,这些史官在不同程度上均起着管理保存典籍的作用,尤其是外史偏重于图书典籍的收藏,而收藏的内容包括古代流传的图书典籍和当代各国的图书典籍，并利用这些图书典籍以备内外之参考。从这点上看,这些大大小小的史官具有图书馆管理员的职能。也正是从这个意义上讲,我们可以把周朝时期的史官看作是中国古代图书馆管理员的雏形。而老子是当时的柱下史,身份相当于现在的图书馆馆长,而老子也被中国的图书馆界定位为中国历史上第一任图书馆馆长。

老子,姓李,名耳,字聃,是春秋时期楚国苦县厉乡曲仁里人,和孔子属同一时代,又稍微早于孔子。老子的地位一直很高,是全人类最杰出的名人之一。美国数学家麦克·哈特在与各方面专家广泛交流意见并参阅了权威性资料的基础上,写了《人类百位名人排座次》一书。其中列出了一百位世界名人,按其对人类历史进程影响力的大小排出座次,老子被排在第七十五位。老子留给后人的《道德经》,虽然是仅仅五千言的一本哲学书,但对中国乃至世界的影响与孔子不相上下。《道德经》包含乾坤之理,内蕴变化之机。古今中外的人们从中汲取知识,却总是取之不尽、用之不竭,《道德经》就好似一个深沉无底的智慧渊源,堪称博大精深。孔子特别敬重老子,到周王室所在地洛阳去时,就曾向老子求教过礼,老子告诉孔子:“一个了不起的商人,深藏财货,而外表看起来好像是空无所有;一个有修养的君子,内藏道德,而外表看起来好像是愚蠢迟钝。你要去掉骄傲之气和贪欲之心,这些对你没有益处。”

老子在周朝的都城洛阳留住若干年,一直做着周朝官府藏书的长官。周朝官府的藏书处所,收藏了历代简犊与帛书等珍贵的图书典籍。说其珍贵,这些图书上录天象之变,下记地理之化,中载人世演进之文。诗、礼、史、书、乐、农、医、天文和地理等各种简牍、帛书都在所藏之列。身为周守藏室之史的老子，利用自己身份的便利条件，一直在充分利用周朝官府的各类藏书。他阅读并研究了《黄帝四经》《黄帝铭》《黄帝君臣》《杂黄帝》《力牧》《伊尹》《辛甲》《周训》《太公》《育子》等书。他还阅读了诗、礼、书、史、乐和易等诸种简牍、帛书，这些图书典籍都是未经后人删改的多卷繁本。老子尤其精心于伏羲氏的易经八卦《连山》和黄帝时期的易经《归藏》，以及周文王推演的六十四卦的易经《周易》。老子读书精益求精，他从《三坟》《五典》《八索》《九丘》等大量典籍中吸取宇宙变化的原理，从而创建了精微玄妙的道家学派的思想体系。看老子的《道德经》，其中的思想与春秋以前的传统思想有联系，也与上古易学思想观念具有相似之处。

周朝官府的大量藏书对老子成为伟大思想家提供了有力支持，而老子能充分利用其已有条件，博览群书，潜心研究，则是他成为享誉古今中外的伟大思想家的主要原因。书海无涯，人生有限，老子为我们如何利用藏书提供了很好的范例。

总之，周朝的藏书事业是中国古代文化乃至现代文化的重要渊源，对中国古代文化的繁荣发展做出了突出的贡献，甚至许多文化硕果已经超越了国界，在世界上产生了深远的影响。也因受益于西周的藏书，中国在春秋战国时期形成了百家争鸣的繁盛景象，给中国的古代文化书写了光辉灿烂的一页。可惜的是，周朝的许多珍贵藏书在秦始皇施行“焚书坑儒”后被焚毁，到汉武帝“独尊儒术”的时代，又使儒家之外的百家的图书典籍大部分失传，成为中国古代藏书事业的两大灾难。

春秋战国的藏书

春秋时期是中国古代奴隶制社会向封建制社会过渡的一个时期,生产关系的改变导致了文化艺术的转变与发展,上层达官显贵统治文化图籍的局面逐渐转向平民化,大批士人开始著书立说,私人著述活动随之兴起,打破了王朝典籍收藏“一统天下”的格局,诸侯与平民的藏书事业开始发展,到春秋晚期的时候,藏书活动已经遍布全国各地。

春秋时期,官府藏书主要集中在鲁、楚等国。鲁国当时的藏书量非常富有,当时一些诸侯小国想查阅考证资料大多都需要到鲁国去借阅藏书。有一次,晋侯派遣韩宣子到鲁国访问,寒暄告礼之后,鲁国国君引领韩宣子到大史氏观看他们的藏书,当韩宣子见到鲁国所收藏的《易象》与鲁《春秋》这两本珍籍之后,感慨道:“周礼尽在鲁矣。吾乃今知周公之德,与周之所以王也。”稍后,楚国强盛起来,春秋时期的藏书事业便由鲁国迁移到楚国,史书记载:“冬十月丙申,王起师于滑。辛丑,在郊,遂次于尸。十一月辛酉,晋师克巩。召伯盈逐王子朝,王子朝及召氏之族、毛伯得、尹氏固、南宫嚚奉周之典籍以奔楚。”

春秋初期的时候,图书典籍多为官府所垄断,官著官用,平民百姓很少有机会接触到书籍。但是到春秋末期的时候，随着“学术下于私人”的倡导，使得私人藏书有了较为明显的发展，像孔子这样的私人藏书家逐渐多了起来。鲁国藏书之盛时，藏有很多周朝的典章制度，为孔子从事教学、传授六艺、整理文献提供了非常有利的条件，所以后来孔子干脆不仕，退而修《诗》《书》《礼》《乐》《春秋》。孔子是当时有名的藏书家，他热衷收集夏、商、周的图书典籍，周游列国之时，仍然不忘藏书之事，尽一切可能收集鲁、周、宋、杞等国的图书典籍。所以，孔子的个人藏书很丰富，他晚年之所以有删定六经之举，也与他有大量的藏书有关。

其实，也是从春秋时期开始，私人藏书形式打破以往单一的官藏形式，为之后的私人藏书事业奠定了坚实的基础。

战国时期，中国古代的封建制度基本上已经确立，社会上士这一特殊阶层逐渐发展、壮大，当时各诸侯国为了争雄称霸，需要吸收大量的人才，当政者也放开言论自由，士这个阶层出于各自的立场和观点，相互争辩，提出自己的政治主张，更是积极地著书立说，诸子蜂起，私人藏书事业随之繁盛。也是从这个时期开始，中国古代藏书事业中的两大体系，即官府藏书与私人藏书，形成并驾齐驱局面，相互促进，互为补充，一起向前发展。当时著名的藏书家有思想家墨子，据说“子墨、子南游使卫、关中，载书甚多”，“今天下之士，君子之书不可胜载”。另一个藏书家是惠施，他所收藏的图书典籍比墨子还要多，“惠施多方，其书五车”。藏书家苏秦的藏书更多，“陈箧数十，得太公阴秘之谋”，“今境内之民皆言治，藏商、管之法者家有之，而国愈贫；言耕者众，执耒者寡也。境内皆言兵，藏孙、吴之书者家有之，而兵愈弱；言战者多，被甲者少也”。其实，当时除了这几位藏书家之外，其他不被历史记载的藏书家也应该有很多。

秦朝的藏书事业

秦朝的官府藏书

秦朝的官府藏书，从严格意义上来讲，应该追溯到秦朝统一六国之前的春秋战国时代。早在春秋初期秦文公十三年(公元前753年)的时候，秦国就开始实行“初有史以纪事，民多化者”的政策，那时候的秦国政府里已经设立史官，做收集和储藏图书典籍的工作。而且在秦缪公时期，秦国是倡导以《诗》《书》《礼》《乐》、法度为政策导向的，秦国政府也积极重视儒家图书典籍的搜集和储藏工作。但是到了孝公当政的时期，秦国的统治集团出现了对先古典籍是薄崇还是诋毁的争论。旧贵族势力的代表站在他们自身利益的角度，崇尚先古典籍，认为法古无过，循礼无邪，希望秦国可以回归过去的法规制度，但是新起的地主阶层认为帝王不相复，何礼之循，希望社会能够不断得到进步，以适应他们的利益发展。他们的代表商鞅更是把儒家经典论断比作病国之虱，建议政府销毁不用。商鞅说，六虱就是礼乐、诗书、修善、孝悌、成信、贞廉这些陈腐理论，认为秦国若是依据这些陈腐理论作为治国依据，国家必然无法强大起来，秦孝公对商鞅提出的这些主张没有一点疑义，给予了全力的支持，史书上记载：“商君教孝公以连什伍,设告坐之过,焚《诗》《书》而明法令孝公行之。”可见,秦国在商鞅变法期间有过一场大规模焚毁先古儒家典籍的活动,后来秦始皇发动历史上著名的“焚书坑儒”运动便不是没有因循先祖之例而做的创新之举了。秦孝公发动的这次焚书运动,致使先秦儒家经典在秦国遭受了灭顶之灾。

但是,等到秦昭襄王继位后,发现商鞅变法带来的弊端很多,秦国便又开始注重对各种图书典籍的搜求与整理工作。秦昭襄王还把精通儒术的荀卿请到秦国,很认真地向他询问儒家的治国之道。荀卿便把《论语》以及孔子七十二弟子所写的有关治国之书,大约有百十篇送给了秦昭襄王,秦国这次又有了儒家方面的图书典籍。这也可以看作当时秦国政府进行的一次较大规模的聚书活动。当然,秦昭襄王大举收集儒家经典,并不是对儒家的治国之道真的感兴趣,而是为了秦国的尊严和强大,当时秦国已经是称霸之国,自然在官府藏书这方面也不想输给其他国家。韩非就一针见血地说:“慕仁义而弱乱者,三晋也,不慕而治强者,秦也。”

秦王嬴政当政还未统一六国之前,任用吕不韦为朝中的宰相,当时的政治气候还是比较开明的,诸侯纷纷发表自己的言论。荀卿的学生们积极著书,遍布天下。吕不韦人缘还不错,喜欢聚集有识之士到自己的麾下,他也喜欢做学问,指使他的门客人人都去写书,把自己的所见所想都写出来,最后吕不韦把他门客们的著作集合为一部论著——《吕氏春秋》,书中包括八览、六论、十二纪,内容包罗万象,共二十多万字。从吕不韦集合门客编写《吕氏春秋》的情况,我们可以推测,当时的秦国应该已经收藏有大量的图书典籍,否则没有足够的图书典籍做资料参考备用,是难以完成这部巨著的编写工作的。

秦朝刚统一六国时,秦始皇对待图书典籍的态度还是比较珍爱的,他说"吾前收天下书",把周朝及诸侯六国原有的藏书都搜刮过来,使秦朝官府的藏书得以剧增,秦始皇应该也组织人力对秦朝收集起来的这批图书典籍进行过整理与归藏工作, 不过史书上没有任何确切的记载,我们只能做一推测。

秦国在实现大一统后的第九年(公元前 213 年),秦始皇已经执政三十四年,秦朝内部又在思想上出现了不统一的局面,掀起了一场更为激烈的"师古"还是"师今"的大争论。以博士淳于越为代表的人士主张"师古",认为国家行政不"师古"而能保持长治久安的,好像从来还没有这样的先例。任职宰相的李斯则主张"师今",认为以前三皇五帝的执政一个和一个不相同,几代相续都各有各的特点, 现今的人们不师今而学古不是当世应该有的做法,简直是在惑乱黎民百姓。李斯还给秦始皇上奏建议,不是秦朝本朝的纪事之书都烧掉, 那些不听朝廷法令, 敢私自收藏《诗》《书》、百家语的,不光这些书籍要焚烧了,这些人也要处置了。至于那些医药、卜筮、种树之类的图书典籍,因为不影响治世之道,可以留着。秦始皇经过思虑,觉得李斯说得对,便完全采纳了李斯的建议,下达了挟书律的命令,于是一场大规模的焚烧天下《诗》《书》的政治运动开始了,尤其是以前诸侯各国的史记之类的图书典籍更在优先焚毁之列。秦始皇的这一举动致使秦朝政府长期累积以及统一后所搜集的图书典籍遭受到一次空前的浩劫, 尤其是先秦的各种政治图书典籍惨遭破坏的程度更为严重。秦始皇的这次焚书运动,对打击当时特定历史条件下的复古思潮起到了一定的积极作用,但严重地损害了文化的发展,致使先秦的文化遗产遭受到难以弥补的损失, 而且秦始皇的焚书举动,事实上也并未达到他期冀秦家江山万世的结果,秦朝的统一政权仅仅存在了十五年就埋没于历史的烟尘之中。

综观秦国在未统一六国之前及统一六国之后的整个历史时期，官府的藏书经历的是一个搜集、焚毁、再搜集、再焚毁的曲折变化的过程。

秦国官府藏书机构的设置在战国时期便形成了，秦国完成统一大业后，很多官制都做过调整，但唯有执掌政府藏书的官员设置仍是沿袭战国旧制。秦国掌管图书典籍的官员称为御史大夫，位居上卿。周朝的藏书管理官员称为柱下史，秦国改称侍御史，张苍因为好书律历，时任秦国的大夫御史，主柱下方书。御史大夫相当于现今的图书馆馆长，他的下面还设有官员，称为御史，具体负责在帝王身边掌管文书、图籍、档案、记录诸事等。秦朝的藏书机构由御史大夫总体负责，而收藏管理图书典籍的具体工作则是由御史或称侍御史的官员承担。秦朝当时的御史大夫张苍是一位学识非常渊博的人，据说他当时把秦朝政府的所藏图书典籍管理得井井有条。不过，有的学者考证说，秦朝政府的博士官职也是掌管政府藏书的官员，《史记·秦始皇本纪》中记载："请史官非秦纪皆烧之，非博士官所职，天下敢有藏《诗》《书》、百家语者，悉诣守、尉杂烧之。"所以"秦之书籍，其储藏之地与执掌之人为史官、博士矣"。也有的人认为，秦朝施行"焚书坑儒"运动后，秦朝政府的藏书几乎被毁灭殆尽，所以也不再设立负责藏书事宜的官职，但是从后来史书记载："沛公至咸阳，肖何独先人，收秦垂相、御史律令、图书。"中可以推断出秦朝焚书运动并未彻底将图书典籍毁灭殆尽，虽然图书典籍遭受了巨大的损失，但仍然有一部分图书典籍被保留了下来，而且仍留存有掌管官府藏书的官职。据史料记载，直到秦末时期张苍仍是秦朝的御史大夫，在秦朝政府管理藏书非常著名，据说他本性就很爱书，无所不见，无所不通，对律历方面尤其精通。由此可见，秦朝政府对官员的任用是根据自身特点来安排的，值得后人借鉴。但是张苍不知因为什么原因得罪了朝廷，被降罪处罚，张苍逃至武阳，后来刘邦率领大军攻城略地经过武阳时，张苍随即投奔了刘邦，从此为刘邦效力。

秦的官府藏书最早可源于春秋初期的秦文公，但到了春秋中期的秦缪公时代，官府才修建了专有的藏书处所，当时称为府和密室。其实在中国古代的历史上，对藏书处所的称呼一直也没有一个统一固定的定名，各个朝代根据自己的喜好进行命名，这种情况一直延续到清朝光绪时期。

秦朝在实现统一六国的大业后，因为收缴了六国的图书典籍，数量骤然增加，在这种情况下，政府相应地增设了多处藏书的处所。《史记·太史公自序》记载："秦拨去古文，焚灭《诗》《书》，故明堂、石室、金匮玉版图籍散乱。"《史记·六国年表》还记载："秦既得意，烧天下《诗》《书》，……而史记独藏周室，以故灭。"由此可知，秦朝储藏图书的处所共有四处，即明堂、石室、金匮、周室。其实明堂在中国古代最早是祭祀五帝的场所，秦朝改用为藏书处所的名称；石室在中国古代本是宗庙敬藏神主的地方，也是收藏重要图书典籍的地方，秦朝沿袭旧制仍用此名做了主要藏书处所的名称；金匮在西周时就是用柜盛书的地方，《尚书·金縢》中记载："纳册于金縢之匮中。"传云："请命之书，藏之于匮，缄之以金，不欲人开之。"金匮名称来由于此，到了秦朝，官府没有做改动，仍用周朝的叫法将藏书处所以金匮称之；周室也是周朝的藏书的处所，得名原因可能是由于秦朝统一大业完成后，收缴周室所藏简策又大笨重，因而未加移藏，即以周室命名了。秦朝的藏书处所明堂、石室、金匮三处藏书都在咸阳，而周室仍在洛阳。秦朝在统一六国之后，能够建立四处规模较大的藏书处所，这在中国古代藏书史上是一创举，它为以后历朝历代创立各种类型的官方藏书处所提供了启示与借鉴。

对于秦朝的官府藏书，值得一提的是当时的玉版图籍。玉版是中国古代一种极为高贵的书写材料，先秦各代都把玉版视为贵重典籍，专供天子和诸侯使用，所以这种材质的图籍利用范围自然很狭窄。秦朝也藏有一定数量的玉版典籍，可惜由于焚书运动，最后也散乱不堪了。

秦朝在中国历史上存在的时间很短，秦始皇虽然实行过“焚书坑儒”，对中国古代的文化造成了严重的影响，但秦朝的官府在初期和中期，在藏书事业上还是做出了一定的贡献。

秦朝的私人藏书

中国古代的私人藏书从春秋时期开始，到战国时期开始繁盛。秦朝刚统一六国时，当时很多的博士儒生有私家藏书，但是秦始皇实行“焚书坑儒”的政令后，很多私人藏书都被焚毁了，致使私人藏书遭到极大破坏，不过仍有少数嗜书如命的藏书家把他们收藏的图书典籍想尽各种办法保存，渡过了这场政治浩劫。

秦朝有三个比较著名的私人藏书家，儒生孔鲋、孔腾和博士伏生。孔鲋，字子鱼，亦字甲，是孔子的第八世孙，秦朝统一后在朝中做儒生。秦朝末年，陈胜、吴广领导农民起义，孔鲋也参加了这场反秦斗争，五十七岁那年病死于陈下。孔鲋是秦朝储书比较多的私人藏书家，秦朝即将施行焚书的前夕，陈余听说了这件事，便对子鱼说：“秦将灭先王之籍，而子为书籍之主，其危矣！”子鱼回答：“顾有可惧者，必或求天下之书焚之，书不出，则有祸，吾将先藏之，以待其求，求之无患矣。”孔鲋把一些珍贵的文籍藏在了墙洞里，他所藏的书有《古文尚书》《礼记》《论语》和《孝经》数十篇。他自己还著书有二十一篇，名为《孔丛子》。

孔鲋病死在陈下后，他暗藏起来的那些古籍一直不为后人所知,直到汉武帝末年的时候,鲁共王想扩大孔子原有的宅邸,推倒旧墙后才发现这些藏书。当时西汉著名的经学家孔安国是孔子的后裔,所以这批藏书最后便全部归他所有。

孔腾,字子襄,是孔附的弟弟。汉高祖经过鲁地,以太牢之礼祭祀孔子,孔腾作为孔子的子孙被封为奉祀君,汉惠帝当政时又封他为长沙太守。孔腾和孔鲋一样,当时居于孔子的旧宅中,畏秦法峻急,把《尚书》《孝经》和《论语》等古籍藏进了孔子宅邸的旧墙中。

伏生,济南人,秦朝的博士。秦朝实行焚书政令后,伏生把许多图书也藏在凿开的墙壁中。秦朝末年,各地兵灾连起,伏生开始了流亡生涯。后来汉朝平定天下后,伏生辗转回到家中,从墙壁中取出他的藏书,已经有十多篇丢失了,只取得二十九篇,他便学他的祖父孔子,凭借这二十九篇古籍在齐鲁之地招徒讲学。后来,汉孝文帝当政时期,想找一位能编撰《尚书》的学者,发现除了伏生,天下再无一人。

秦朝的私人藏书家在那个特定的历史条件下,人数极少,而且藏书过程艰难曲折,但它也是中国古代藏书事业中不可或缺的组成部分,为保存和传播中国的历史文化遗产做出了重要贡献。

汉朝的藏书事业

汉朝的官府藏书

汉高祖刘邦建立汉朝之后,逐渐意识到治理一个国家没有文化传承、没有文献资料是不行的,于是慢慢地放开了书禁,谁家有没有藏书,哪个书生爱不爱收藏书籍,开始是睁一只眼闭一只眼,后来干脆放开了政策。后来,汉朝开始主动在民间广泛收集图书,修建藏书处所,校勘书籍,希望能够通过官方的努力将这些留存的古代文化遗产保留下来,经年累月,终于形成大汉藏书事业的繁荣昌盛。

汉室延续秦朝,许多政治和社会制度都继承了秦朝,但是唯独在对待书籍的态度上,两家的做法可谓大相径庭。秦朝存在的短短二十几年间,推行了"焚书坑儒"。秦始皇登基以后,总结西周末年动乱的原因和自己灭六国的经验,认为是"百家争鸣"惹的祸,导致周王朝末期分崩离析,最后周天子失去威信和统治力,后来又是流落民间的周天子门客出谋划策导致五国争霸、七雄并起,也是商鞅、李斯这样的知识分子作为国家的智囊团最后让秦国强大,从一个偏居西北的小国,最后到灭了六国一统中国。这样不凡的经历使秦始皇嬴政对知识和人才有敬畏之心,又爱又怕，虽然自己最后统治着泱泱大国，但是内心对知识分子的恐惧与日俱增，生怕日后自己稍不留心，这些知识分子又会来反对他。在这种心态下，秦始皇下令没收天下书籍，禁止民间读书，坑杀儒生以儆天下，希望用这种愚民政策来达到国家的长久太平，没想到始于俑而终于俑，他最终因为这些暴政葬送了自己的江山。

汉高祖刘邦在秦末的动乱中夺取了秦朝江山，建立了汉王朝，他非常善于总结秦朝灭亡的经验教训，建国以后直接做了两件大事，第一件事是请当时非常有学问的大儒叔孙通制定了朝廷礼仪；第二件事便是大兴藏书事业。刘邦本人是一介草莽，对待学术、文化诗书没有多少兴趣，但可贵之处是作为一个开国皇帝，他要做的是稳定政权，争取民心，自然而然要对前朝的统治进行反思。刘邦认为有两点导致秦朝覆灭的原因：一是废除了以"世卿世禄"为核心的封疆建土的封建制，在全国推行了郡县制，触动了封建贵族的利益；二是修长城、"焚书坑儒"，动摇了群众基础。秦始皇这些政策的最终后果是封建贵族内部矛盾激化，外部官民也矛盾激化，陈胜、吴广被迫一跃而起作为农民起义的代表进行反抗暴秦的活动，而以项羽为代表的封建贵族阶级也激昂愤慨，起来反抗暴秦统治，在内外双重压力下，秦朝很快如大坝溃于蚁穴，轰然坍塌。刘邦意识到这两点后，便在施政上进行调整，他既没有实行完全的郡县制，也没有实行原来的封建制，而是两者并用。把这两种制度调和好是需要智慧的，于是一方面他请来叔孙通，经叔孙通建议制定了朝廷礼仪。朝廷礼仪制定的目的就是使封建贵族在礼仪仪式上要表现出对皇帝的尊重，刘邦一边保持皇帝的威信，一边还不损害这些封建贵族阶级的利益。另一方面，刘邦积极建立藏书制度。建立藏书制度的目的一面是为了与朝廷礼仪制度相协调，同时也是为了弥补和挽救秦朝失去的政治信任，笼络民众的心。所以，从这种意义上说，汉朝官府藏书制度的初衷其实是为了维护汉室的政治和社会的统治基础。

汉朝的藏书事业能够得到发展，有着主观和客观上的双重原因。主观上，刘邦以及以后的汉朝统治者们虽然仍然对社会中的知识分子有戒备，敬畏之心犹存，但他们的聪明之处就是不再认为政治危机可以通过对书籍的控制而消除，所以很自然地改变了对图书典籍管理的态度，逐渐放开了对图书的禁锢。汉惠帝四年（公元前191年），朝廷正式解除挟书禁令，“三月甲子，皇帝（惠帝）冠赫天下，省法令、妨吏民者，除挟书律”。书禁解除以后，民间藏书就合法化了，原来悄悄藏在山洞墙壁里的图书典籍终于可以重见天日，知识分子对书籍的收集和整理活动也频繁起来，以前秦代遗留的散佚书籍逐渐重新展现在世人面前。藏书管理制度能够发展当然还少不了客观原因。汉朝自建立后，社会从动荡的战国时代逐渐恢复平静，经济稳步向前发展。这个时期，虽然汉朝仍然面临北方的匈奴等游牧民族的侵扰，但是各民族的文化交流越来越频繁，民间的文化逐渐趋向繁荣。以汉赋为代表的文学形式尤为人们所喜爱，这些人中不乏皇家贵族和王侯将相，这种社会文化的需求是推动汉朝官府藏书管理制度发展的客观原因。知识分子的待遇自此改变了，好多儒生被授予高官厚禄，获封者多达数百人。其中田蚡复为丞相，赵绾为御史大夫，王臧为郎中令。最著名的是公孙弘，居然以一介白衣被封为平津侯，位为天子三公。在高官厚禄的诱惑下，全国兴起学习儒家经书的风潮。在这种热爱读书的风潮下，汉朝的藏书事业自然随之发展起来了。汉武帝时，“敕丞相公孙弘广开献书之路”，设写书之官抄写书籍，集中了一大批图书。被秦始皇摧残的图书馆事业，在七十年后，终于重新走上了它的发展之路。

汉朝政府非常重视对图书的收集与整理工作。汉朝的图书典籍是因儒学发展的需要而发展起来的。儒学的发展又转而使官府的藏书得以充实。汉武帝时期把收集图书作为提倡儒学的重要措施。政策是好的，可惜由于秦朝"焚书坑儒"的毁灭性太强，所以收集到的书籍实在不多。到汉成帝时，情况已经大不相同，社会上的文献资料已经相当丰富。于是成帝欣然任命谒者陈农负责访求天下遗书，命光禄大夫刘向整理经传、诸子、诗赋，步兵校尉任宏整理兵书，太史令尹咸整理数术，侍医李柱国校方技，最后由刘向任总编辑总汇其成。每一书校完，刘向所做的工作就是给每一类书写小叙，在每一类书下"论其旨归，辨其讹误"，写成叙录。最后，刘向又把各书叙录汇辑成一书，即《别录》。叙录保存至今的有《战国策叙录》《管子叙录》《晏子叙录》《列子叙录》《荀子叙录》《邓析子叙录》《说苑叙录》等七种。不幸的是，《别录》后来因种种原因亡佚了。刘向整理藏书的事业未尽先亡，他的儿子刘歆子承父业，奉诏继承刘向的总揽之职。刘歆总括群书为六义略、诸子略、诗赋略、兵书略、术数略、方技略，加上总叙辑略，共有七略。著录图书共三十八种，五百九十六家，一万三千二百六十九卷。刘向、刘歆父子加上他们的手下完成的校书编目，是中国图书馆界公认的第一次全面系统的图书整理，《七略》成为中国古代第一个图书馆藏书目录。刘氏父子成就之所以大，是因为在编制时既无任何现成目录可做基础，也无编制方法可以借鉴，而且每种书都必须尽可能收集齐不同版本，互相参照，以改正讹误，补充脱落，然后整理篇章，写成定本，工程之浩大，任务之艰巨，可想而知。所以《七略》编制的重要贡献，不仅体现了自战国“百家争鸣”之后又一次出现的文献典籍的洋洋大观，更重要的是把中国古代的藏书事业由简单的收集保存推到一个新阶段。

汉朝政府对官府藏书的整理工作，主要是由西汉刘向、刘歆父子和东汉班固、傅毅等进行的两次系统全面的整理。此外，汉初之时，韩信、张良组织了对兵书的整理，从一百八十二家兵家著述中，选定着录三十五家。东汉和帝时，因认为经传之文多不正定，由蔡一伦、刘珍、良史等做过校雠整理。灵帝时，蔡邕等校订经书后，将定本用古文、篆、隶三种字体书写刊刻在石碑上，立于太学大门作为标准，后人称之为“熹平石经”。

汉朝在历史著作方面的贡献，最重要、对后世影响最大的是《史记》和《汉书》得以编撰完成。汉朝对史书的修撰，还有从明帝起至灵帝完成的东汉纪传体史书《东观汉纪》。荀悦将汉书按年代重组为《汉纪》。赵晔编著的《吴越春秋》，是我国最早的地方志。天文学有张衡的《灵宪》《浑天仪》，数学有《九章算术》。医学有《神农本草经》和张仲景的《伤寒杂病论》。农业技术方面，西汉有氾胜之的《氾胜之书》，东汉有《四民月令》。社会科学方面，王充的哲学著作《论衡》、桓宽的经济学著作《盐铁论》以及应劭反映社会生活和思想文化的《风俗通议》，都是具有较大影响的著作。辞赋在汉代图书中占有比较重要的地位。《七略·诗赋略》中的赋大部分为汉赋。汉赋初期为小赋，多用于抒情。中期为大赋，是汉赋的代表。司马相如的《子虚赋》《上林赋》，杨雄的《甘泉赋》《羽猎赋》《长阳赋》，班固的《两都赋》，张衡的《两京赋》都是极具代表性的作品。

由此可见，藏书事业在汉朝的发展，始于武帝，出成就的时期则在元帝、成帝之后。

东汉政权建立后，汉武帝、明帝、章帝、和帝对儒学更加宠爱，他们对图书典籍的收集与整理与西汉相比有过之而无不及。那个时代的图书典籍增长速度很快，作为官府藏书处所的石室、兰台所收藏的图书逐年累加。这种情况下，汉武帝只好命校书郎班固、傅毅完全按《七略》的类目布次群书。汉和帝甚至为了鼓励图书典籍的收藏整理，百忙之中抽出时间多次到东观观览这些藏书。可惜的是，汉末，董卓逼汉献帝移都长安时，洛阳“吏民扰乱，自辟雍、东观、兰台、石室、宣明、鸿都诸藏，典策文章，竞共剖散，其缣帛图书，大则连为帷盖，小乃制为縢囊。及王允所收而西者，裁七十余乘。道路艰远，复弃其半矣。后长安之乱，一时焚荡，莫不泯尽焉”。在中国古代历史上，图书典籍又一次历经劫难。

汉朝的藏书处所

汉高祖七年(公元前200年),丞相萧何主持建成了未央宫,《太平御览》卷一百八十四引《三辅黄图》中记载:“未央宫有石渠阁,萧何所造,其下垄石为渠,若今御沟,因为阁名,藏入关所得秦之图籍。”“天禄阁,藏典籍之所,萧何所造。”《汉宫殿疏》中记载:“天禄阁、麒麟阁,萧何造,以藏秘书、画贤臣。”由此可见,石渠阁、天禄阁、麒麟阁是当时汉朝官府藏书的主要处所。官府藏书处所建成之后,萧何将灭秦时在咸阳收集到的秦代书籍放置其中,作为汉初第一批官府图书入藏。所以后来“石渠”“天禄”就成了官府藏书的代称。汉朝时期,人们对藏书的防火意识已经很强,为了防火,另外也为了防潮,汉人在藏书处所中用石块砌成石室,书柜则是用铜镶过边的柜子,称之为“金匮”。到了汉武帝时代,则“建藏书之策,置写书之官”。据《汉书·艺文志》引刘歆《七略》称:“外则有太常、太史、博士之藏,内则有延阁、广内、秘室之府。”这便是明确地指出,汉朝官府在石渠、天禄、麒麟、延阁、广内、密室六处皆有藏书。而且皇宫外主管礼制、修史、授学的太常、太史、博士等所在的机构也有藏书。西汉时期,朝廷规定御史大夫(副丞相)的助手御史中丞既掌管监察,同时又是管理图书的主要官员,相当于我们现在的图书馆员,只不过那时的身份还是兼职的。据《后汉书·儒林传》和《隋书·经籍志》记载,东汉政府前后设置有辟雍、宣明殿、兰台、石室、鸿都、东观、仁寿阁七座官府藏书处所,管理图书典籍的官员也随之增加。汉桓帝延熹二年(公元 159 年),还创置了中古代国封建中央政府中第一个主持图书事业的机构——秘书监。据应劭《汉官仪》记载:"秘书监一人,秩六百石。"可见秘书监既是机构名称,又是该机构最高长官的名称,为太常属官。

汉朝政府对藏书控制得非常严格,书籍出借的权利由当政皇帝亲自掌握,凡是没有经过皇帝许可,一律不得私借,不得录制副本,否则后果很严重,制裁也非常严厉。《汉书·霍光传》中就记载了这么一个案例,汉宣帝地节四年(公元前 66 年),太常苏昌没有向汉宣帝打招呼,就私自做主把国家藏书借给大司马霍山抄写,宣帝直接把苏昌的官给免了,大司马霍山战战兢兢地想"献城西第,人马千匹,以赎山罪"。还有一则案例是《汉书·宣元六王传》中记载的,汉成帝执掌朝政时期,东平王来朝里办事,给汉成帝递了份申请书,请求借阅诸子及《太史公书》,汉成帝就和大将军王凤商量,借还是不借,王凤说:"臣闻诸侯朝聘,考文章,正法度,非礼不言。今东平王幸得来朝,不思制节谨度,以防危失,而求诸书,非朝聘之义也。诸子书或反经术,非圣人,或明鬼神,信物怪。《太史公书》有战国纵横权谲之谋,汉兴之初谋臣奇策,天官灾异,地形厄塞,皆不宜在诸侯王,不可予。"王凤这么一说,汉成帝就决定不借书给东平王了。东平王是汉成帝的叔父,但是公事公办,至亲也不行,照样不借,可以想见当时汉朝政府把藏书看得有多么重,把控得有多么严。

西汉时期,官府藏书除了皇帝可以阅览之外,还有一部分人有权利阅读,这就是太常、太史、博士掌书等官员,还有因工作和研究的需要,经过皇帝特批的人员,如刘向等人。到了东汉时期,这条政策未变,朝廷继续沿袭西汉留下的管理图书的制度,严格控制借阅,读者只有皇帝、皇帝特许之人、编书者和校书人员。不过,东汉政府还是相对开明多了,先后召集过许多著名学者到官府藏书处所,利用国家所藏档案图书,撰写国史。班固、刘珍、李尤、伏无忌、边韶、崔寔、伏无忌、蔡邕等知识分子,先后受皇帝委托,到东观撰修国史,广泛采用本朝档案典籍,历时百余年,陆续撰成《汉记》一百四十三篇,因为这部书是在东观编撰而成的,史称《东观汉记》。班固做兰台令史时,还与学者陈宗、尹敏、孟异利用兰台图书,共撰《世祖本纪》。刘珍也曾利用国家藏书,编撰了《建武以来名臣传》。

石渠阁和天禄阁

石渠阁和天禄阁是西汉初期最早的两个官府藏书处所，如今在汉长安城遗址中仍然能找到这两座藏书楼的历史遗存。

公元前 206 年，刘邦率领大军逼近秦都咸阳，秦王子婴设计诛杀了自家的丞相赵高，献出玉玺向刘邦投降。起义将士浩浩荡荡开进咸阳城，面对巍峨迤逦的宫殿、热闹繁华的街市以及散落成堆的珍宝，众多将士不顾一切地恣意抢掠，即便是沛公刘邦，也按捺不住内心的激动，贪恋着秦宫的荣华富贵，不忍离去。好在有大将樊哙和谋士张良及时劝阻他勿忘秦亡之教训，刘邦的头脑还算清醒，及时幡然悔悟，下令立即查封秦朝的皇宫府库，不得私拿劫取。在唾手可得的巨大财富面前，大将萧何最是高瞻远瞩，他一进城，第一件事就是火速率兵赶到了秦朝丞相的御史府，命精兵把该区域立即封锁，禁止任何人随意出入，又指派得力将士将御史府中存放的秦代国家的户籍资料、地形绘图、法令案牍等众多图书档案一一收集起来，进行排查清点，并且分门别类地登记造册，以备日后酌情挑选使用。萧何这一举措，不仅使国家关键性的图籍档案免遭后来项羽火烧秦都的劫难，更使得刘邦日后对天下的户口多寡、关塞险要以及风俗民情等了如指掌，为西汉政权确立恰当的治国方略和律令制度撷取了可靠依据和重要的参考数据。后来司马迁在《史记》中对萧何"先收图籍"之功评价很高，认为"汉王所以具知天下阴塞，户口多少，强弱之处，民所疾苦者，以何具得秦图书也"。

汉高祖八年(公元前199年)，刘邦命萧何主持督建汉朝长安城未央宫，据说未央宫殿阁达四十余座，气势恢宏。在前殿的北面，宫殿群的中间位置，萧何主持修建了两座藏书楼阁，一座是石渠阁，另一座就是天禄阁，将自己苦心收集到的秦朝的各种图书典籍存放于此。

天禄阁位于未央宫前殿正北约八百米，石渠阁在天禄阁西侧约三百米处。后来许多历史文献对石渠阁和天禄阁的修建有不少的记载。《三辅黄图·阁》载："石渠阁，萧何造。其下砻石为渠，以导水，若今御沟，因为阁名。所藏入关所得秦之图籍。至成帝，又于此藏秘书焉。"《三辅黄图》载："天禄藏阁，藏典籍之所。"《汉宫殿疏》载："天禄、麒麟阁，萧何造，以藏秘书贤才也。"《后汉书》载："又有天禄石渠，典籍之府。"《明一统志》载："石渠阁、麒麟阁、天禄阁在府城西北，汉未央宫北。萧何造，以藏入关时所得秦图书。宣帝亦藏秘书于此。"班固在《两都赋》中也提到说武帝和宣帝时，尊崇礼官，考文章，设了金马和石渠阁。由此可见，石渠阁、天禄阁既是汉朝的中央档案库，还是官府的藏书处所，还是群儒校勘经籍从事著述之地。

中国古代的藏书主要分为官藏以及私藏图书两类。石渠阁和天禄阁是公认的中国古代历史上第一次以朝廷的名义为官藏图书专门建造的藏书处所，也算是中国历史上第一个国家图书馆。天禄阁和石渠阁典藏的图书典籍，随着不同时期国家政策的调整，规模也在不断地扩大。西汉初年，沿袭了秦代的“挟书之律”，天禄阁和石渠阁主要典藏萧何收集的秦末图籍。汉惠帝当政之时，为了收集和整理图书，废除了“挟书之律”。汉武帝时，积极地收集整理各种图书典籍，命令丞相公孙弘“广开献书之路，建藏书之策，置写书之官”，“下及诸子传说，皆充秘府”。汉成帝河平三年(公元前26年)，西汉王朝曾遣谒者陈农“求遗书于天下”，将新征集到的图书收藏于石渠阁中，并分类整理。东汉光武帝特别偏爱经术，遍访相关的知识分子，收集补充散佚的图书文章。为了能使四方子民痛快地把书献出来，汉朝政府颁布律令，赐捐书者以金帛作为鼓励。经过几代帝王的努力经营，最后统计，共有五百九十六种、一万三千二百六十九卷秦末散佚的图书被发掘整理出来，集中收藏于二阁中。对于藏书盛况，刘歆在《七略》中很自豪地描述:“百年之间，书积如丘山，故外则有太常、太史、博士之藏，内则有延阁、广内、密室之府。”

石渠阁不仅是典藏图书的地方，也是知识分子集中起来开会的处所，很多学识渊博，德高望重的名家大师常在石渠阁研讨六艺。许多皇帝的智囊团成员，像司马相如、东方朔、枚皋、王褒和刘向等人经常在这里讨论经义，谈天说地;有些公卿大臣，如御史倪宽、太常孔臧、太中大夫董仲舒、宗正刘德、太子太傅萧望之等也常常会在此讨论、解决学术问题。石渠阁的学术氛围最后变得愈来愈浓厚，石渠阁会议算是这种学术活动的巅峰状态。石渠阁会议起因汉武帝，他罢黜百家，独尊儒术，设立了五经博士和博士弟子。博士就是精通儒学的经师，官教同职，既讲授经学，又考核人才。那时候从师学经是当时人们进入仕途的必经之路，但由于师法与家法不同，同是一经，百家竞起，众说纷纭。为了求同存异，汉宣帝在甘露三年(公元前51年)下诏，命太子太傅萧望之和韦元成及五经博士在石渠阁召开大会，参加讲论的都是当时著名的知识分子。会议由西汉大臣、著名经学家梁丘主持发问，诸位儒生对各种提问进行解答，太子太傅萧望之予以综合点评，最后由汉宣帝亲自裁决评判，会开得不错，可谓言辞雄浑、百家争鸣，气氛热烈。在会议结束之后，组织者按照汉宣帝的要求，将石渠讲论的奏疏汇集成册，编辑为《石渠议奏》(又名《石渠论》)一书，合计辑刊奏议一百五十五篇。

这次石渠阁会议无论在学术上还是政治上，都有着极其重要的意义。从学术上讲，会议确立了梁丘的《周易》，夏侯胜、夏侯建的《尚书》，《春秋谷梁传》以及《诗经》三派为儒家经典的主流，尤其是确立了《春秋谷梁传》的主导地位。从政治上讲，石渠阁会议充分巩固了皇帝在政治上的最高权威，它自身也成了最高的经学权威，极大地提高了经学的地位，也扩大和加强了儒家礼仪制度对社会的控制力量，对后来的中国封建社会的发展产生了极为深远的影响。

天禄阁和石渠阁相似，天禄阁也不仅仅是作用典籍收藏之用，历代著名知识分子们都来这儿校勘过图书，前文提到的刘向、刘歆父子的成就就是在这里取得的。

可惜新莽地皇四年(公元 43 年)，天下陷入混乱，社会动荡，未央宫起火连烧三日，宫殿坍塌尽毁。天禄阁和石渠阁内的两百年来积累起来的官藏简书，终因兵荒战乱而付之一炬。尽管后来未央宫在东汉及后赵时曾多次修葺，先后作为前赵、前秦、后秦、西魏、北周诸朝的皇宫，但天禄阁和石渠阁再也不复往日的光辉。

后来，唐武宗于会昌元年(公元 841 年)下令重修二阁，认为“此汉遗宫也。其金马、石渠、神池、龙烟往往而在”。于是，一千余年前的石渠阁、天禄阁又在唐王朝时重现，但到了今天，我们只能在汉代未央宫遗址上寻找到石渠阁和天禄阁的些许痕迹。西安市区西北七点五千米处是汉长安城遗址所在，在未央宫前殿遗址北面约八百米处，仍然可以找到石渠阁和天禄阁的遗迹。两阁成一条直线，东西相对而立，间距约三百米，东为天禄阁，遗址位于天禄阁小学后院。西为石渠阁，遗址在周河湾村东一座土丘处。

石渠阁和天禄阁作为汉朝的官府藏书处所，在中国古代藏书事业发展史上有着重要的历史地位。遥想二阁初建之时，多少名家大师汇聚于此，或建言立说，或研讨六艺，或校勘古籍，当时的知识分子和达官贵人有谁曾预想过，在两千多年后的今天，石渠阁和天禄阁已变为两座斑驳破落的夯土台。

汉朝的私人藏书

中国古代私人藏书的形成和发展经历了一个漫长的历史过程，最早的私人藏书可以追溯到春秋战国时期。在春秋战国以前，奴隶主和皇家贵族独享文化的专有权，也只有奴隶主和皇家贵族有能力进行藏书活动，这一定程度上为后来的私人藏书开了先河。私人藏书发展到汉朝，到达了中国古代第一个私人藏书的高峰期，这是有其政治原因的。汉朝建立以后，充分吸取秦王朝因暴政导致灭亡的教训。汉朝认为：笼络民心，以文兴国，才能真正统治天下，坐稳江山。所以在汉朝建立之初，汉高祖刘邦就采取了“与民休息”的政策。国家安定、巩固，人们便开始享受安居乐业的物质生活，精神文化需求自然也开始攀升。汉朝及时采用罢黜百家、独尊儒术的文化政策。国家的长治久安，经济的增长繁荣，民生的持久改善，政府对图书典籍的重视，开献书之路、建藏书之策、置写书之官、定校书之制、设专司机构，尊儒重经、通经取仕、兴办太学、鼓励私学、刻立石经、开辟书肆等，所有这些都为私人藏书的顺利开展打开了方便之门。

汉朝时期，私家藏书的主体性非常广泛和普遍，上可及皇室贵族、国家官员，下可通达普通学者以及平民百姓。在皇室贵族中，河间献王刘德藏书是最多的。刘德本人非常喜欢学习钻研古代的图书典籍，也喜欢利用自己的身份地位从民间搜集各种图书典籍，而且对图书典籍很擅长保护和整理。据说当时刘德藏有很多珍贵的图书典籍，藏书规模可与官府藏书相媲美，在汉代私人藏书者中享有盛名。刘德从民间收集图书典籍之时，使用过的手段可谓五花八门，据说他好不容易见到某个善本时，就会对善本所有人说他借着看看，看完就还，结果他拿着书跑回家拼命地抄书，抄好了，把副本还人家，真本自己悄悄藏起来了。当然刘德也不是那么没人品，他往往会额外赏赐献书人金银玉帛作为补偿。因为刘德所收藏的图书多是来源于早期古代的图书典籍，史学研究价值很高，自然对后世的历史科研工作工作产生了重大意义。

除了刘德，汉朝其他官吏也喜欢藏书，其中一个就是陈咸，他是汉平帝当政时期的官员，官阶也不小，尚书之职，可惜王莽篡位叛变，他不想给王莽做官，就学秦代藏书家的做法，把家里所收藏的各种律令书文，都藏在了凿开的墙壁里。还有一个藏书家张敞，家里也藏书不少，《汉书》卷八十五《汉书·杜邺传》记载：杜邺长大后，跟从张敞做学问，所用的参考书都是张敞自己家里的藏书。另外班固、刘梁、王和平、卜圭、富参、刘立和蔡邕等都是那个时代著名的藏书家。

进入东汉以后，皇家贵族藏书又有了新的发展特点。桓谭在《新论》里曾谈到郎官梁子初和杨子林非常爱好学习，还爱好抄书，总共抄书达到万卷之上，头发都白了，还抄书不怠。这个时期，武将藏书也作为一种特有的文化现象被搬上了历史的舞台，这个时期的武将们不爱刀枪爱图书，也附庸风雅地开始藏书，

《后汉书·窦融传》里就记载，光武帝刘秀赏赐大将窦融之时，窦融就向光武帝特别强调，恩请赏予他图书典籍，光武帝就把一些图纸以及太史公《五宗》《外戚世家》《魏其侯列传》等书赏给了他。窦融也因为接受了这些赐书荣幸地成为私人藏书家中的一员。

除了皇亲贵族外，汉朝时的普通老百姓家也藏有书籍。民间的富民大户、士人隐者和行业中坚均有数量不等的藏书。甚至有些地主富户，自己大字不识一个，家里也是藏书五车的规模。可见当时藏书是一件多么时尚的事情。

官吏藏书的原因首先得归于国家统治者的重视和鼓励。那时候政府实行了征辟、察举的选官制度，官吏、士大夫便成了私人藏书的最为重要的群体，他们都以读书、藏书作为自己的主要工作。

汉朝时，私人藏书的另一个特点就是传承性非常强。汉朝的私人藏书和官府藏书并肩前行，但是私人藏书所反映的中国古代藏书文化的传承性更加鲜明一些。秦朝时期，任何不利于国家统治的图书典籍不仅不能收藏，还要统统毁掉。在随后的战乱中，秦王朝官府中那可怜的一点点藏书也大部分流散到民间去了，被民间的私人收藏家悄悄收藏起来。据《汉书·艺文志》记载，孔子第八世孙孔鲋是秦朝的私人藏书家，他冒着被砍头的危险悄悄藏有《古文尚书》《礼记》《论语》以及《孝经》等书。孔鲋死后，他的所有藏书都被他的孙子西汉的私藏家孔安国继承了。从这一点上也可以看出中国古代的私人藏书是具有连续性的，受到政治战乱的影响相对较小。汉朝的光禄大夫刘向也是个著名的藏书家，藏书也很多。他的高祖刘交、曾祖刘富和祖父刘等都是很有名的藏书家，刘向的藏书多是从他的祖先那里继承来的。

汉朝时期的私人藏书还有一个特点是藏以致用。汉朝时,私家教育开始产生。官家教育的原则是,学习儒家思想为统治阶级服务,私家教育也贯彻“通经致用”的原则。学习经书是为了增加知识,为以后从事工作提供借鉴和依据。

汉朝时期私人藏书活动发展与兴盛的原因之一,与当时国家政治的清明、经济的繁荣和当时文化科技教育的发展密不可分。汉朝政治清明稳定,推崇以文治国,尤其是儒学思想受到推崇,在其他流派中享有较高的荣誉,为私人藏书事业的发展提供了良好的政治保证。汉武帝一个人对私人藏书所做的贡献就很大,他曾经多次颁布诏书,命人寻找私人藏书,并根据有益的建议,进行藏书管理活动。后来汉武帝还出高额悬赏私人捐书者,这极大地鼓舞了私人藏书者的积极性。而且他还鼓励人们抄书或者著书,他当政时期,司马迁主持编写了《史记》。汉朝著名的陆贾、贾谊等人的著作,都对私人藏书事业的发展起到了推动作用。

另一个原因是造纸术的发明和改进为私人藏书的发展提供了技术条件。汉朝早期使用的书写材料是竹简,这种文字载体缺点太多,体积大,需要的数量也多,搬来搬去重得要命,无论书写还是阅览都非常不便。据说,汉武帝每次阅览奏章,都得雇佣大量工人来回搬运。汉人逐渐地都发现了这个问题,就开始采用帛书进行书写。帛书与竹简相比,最大的优点就是书写简单、轻便。而且帛书的长短还可随意变更,可以根据内容多少随意改变长短。但是帛的造价昂贵,除了皇亲贵族,普通人家用不起。所以在汉朝时期,帛书和竹简是并行使用的,帛书并没有代替竹简。西汉宣帝时,有发明家发明了麻纸,纸本书籍形式至此开始呈现。但是这个时候的麻纸质地比较粗糙,书写起来不是那么方便。直到东汉中期,蔡伦发明了蔡侯纸,由此促进了我国造纸术的产生。蔡侯纸的特点是价格低，而且容易书写，适应了当时的需要，对于汉朝藏书事业的发展起到了很大的促进作用。从此，汉朝的图书文献资料开始大量增加，在促进中国古代人类文明发展的同时，也为汉朝的私人藏书事业提供了有力的保证。

魏晋南北朝的藏书事业

魏晋南北朝的官府藏书

魏晋南北朝是中国古代历史上一个承上启下的重要阶段，这一时期社会动乱不堪，和唐宋时期的政治清明稳定发展没法相比，但它的官府藏书事业的发展特征仍以自身的成就在中国古代的图书典藏史上留下了浓墨重彩的一笔，如桥梁一样连接了秦汉和唐宋两个鼎盛的文化发展时期。

晋朝的官府藏书机构以及职位的设置没有创新，他们沿袭了汉魏旧制，并在此基础上做了一些改进，设置了秘阁、兰台、崇文院等处所来储藏各类图书典籍。晋武帝司马炎进行政治改革，减少官府职位臃肿的现象，把秘书监并入了中书省，最高长官称为中书秘书丞。《职官志》对晋武帝的改革有详细记载："武帝以秘书并省，其秘书之局不废。"秘书丞手下的职员称为秘书郎，他们的职责就是直接掌管图书的收藏、分判、校助、抄写等事务，和我们现在的图书馆职员的身份差不多。中书省里的秘书郎总共设置四名人员，他们各负责经、史、子、集一部，其实就是和当时图书的四部分类相对应。到晋惠帝司马衷时代，觉得晋武帝把秘书监并入中书省的做法有些欠妥，于是在永平元年恢复了秘书监这个部门，职员也相应增多，下设秘书丞、秘书郎、著作郎、佐著作郎等职。到了南朝宋、齐、梁、陈时代，他们都沿袭晋王朝的做法，均设有秘阁等场所来收集、典藏图书，在相应官职的设置上他们也模仿晋王朝的制度，设立秘书监、秘书丞、秘书郎等不同等级的图书管理员职位。当然这几个朝代在藏书管理上也有他们各自的创新之处，比如，南齐把珍贵的善本书聚集起来专置了学士馆进行收藏、整理。梁朝则是把许多善本复抄副本，对副本也进行保管、收藏，同时因为收藏的图书越来越多，所以分门别类进行储藏。陈朝设置了很多的藏书阁，除了秘阁外，还有寿安殿、德教殿、承香殿等。这个时期北朝政府的藏书机构与南朝差不多，北魏也设置了秘书省负责典藏事务，秘书省里也设有秘书监、秘书丞、秘书郎及校书郎等职位。北齐把图书管理员身份的名称做了更改，秘书郎称为秘书郎中，并且增设了秘书校书郎、秘书正字等职。秘书正字专门负责刊正文章、校勘典籍，身份地位要比校书郎低一些。北周的秘书监一人兼两职，还兼领著作监，手下的职员是秘书校书郎。关于北朝的藏书处所，北魏建设有秘阁、东观，北齐设置有仁寿殿、文林殿、麟趾殿，北周则有虎门殿、麟趾殿等。

公元 265 年，司马氏建立晋朝，把前朝政府的藏书机构直接接管了过来。司马氏对待图书典籍的态度特别认真和重视，据记载，晋攻入吴国都城建业后，大队人马首先直奔吴国的藏书阁，清点那里的文献典籍，封存入库。晋朝政府也非常重视各种珍贵图籍的收集，大肆向民间发布征书告示，《晋书·张寔传》里记载了一则故事，说的是晋愍帝时期的凉州刺史，为了讨好皇帝，四处收集图籍，最后把自己收集来的许多珍贵善本派得力手下督送到京城，献给晋愍帝。经过四处征集以及不断积累，西晋政府的藏书达到三万卷，规模大大超过了三国时期的官府藏书，“晋氏承之，文籍尤广”。西晋建立之初，皇帝任命荀勖任秘书监一职，主持整理秘府图书，荀勖很能干，带领手下完成了《经簿》的编纂，这是中国古代的第一部古文献四分法的分类目录书。但是西晋王朝存在的时间太短暂了，特别是到了晋朝的后期，八王之乱、永嘉之乱接踵而至，导致社会动乱不止，对当时的官府藏书造成了很大的影响。史书记载：“惠怀之乱，京华荡覆，渠阁文籍，靡有孑遗。”祸不单行，这个时期，北方的匈奴、鲜卑等也趁火打劫，发兵南下，西晋王朝在腹背受敌下终至覆灭，都城洛阳藏书阁里的各种善本图籍跟着遭了殃，几乎全部毁于战火。东晋政府南渡后，恢复社会元气的同时，也曾力图恢复西晋时期的官府藏书，晋元帝召集群臣想尽种种办法，四处收集图籍，但那时民生凋敝，书市也是一片荒凉，所以政府再也难见以前藏书大增的场面。后来的《隋书·经籍志》里记述了当时的苍凉局面：“著作郎李充，以勖旧簿校之，其见存者，但有三千一十四卷。”通过努力收集，到太元十六年（公元 391 年）的时候，总量才增加到三千六百卷。当时东晋王朝实在没办法了，再次向社会发起征集图书的活动，重新登记造册，秘书监里的著作郎李充穷其智慧，对西晋荀勖所分图书四部中的乙（子部典籍）、丙（史部典籍）两部的内容进行交换，即将史书改入乙部，子书改入丙部，李充这一改功劳很大，至此传统图书经史子集四部分类法的次序正式形成并被一直沿用到近代。

可惜东晋王朝也没有存在多长时间就被宋武帝刘裕取代。刘裕是东晋的将领，晋安帝义熙十三年，他率领大军攻入长安。刘裕也是一个非常爱书的人，后来的《宋书·藏质传》里记载，攻入长安后，刘裕马上命令他的部下“收其图籍，五经子史，才四千卷”,他命将士把这四千卷图书统统运到都城建康,扩充了东晋的官府藏书。公元 420 年,刘裕起了反叛之心,废掉晋恭帝,自称皇帝,另建国号为宋,接管了东晋王朝的全部官藏之书。但是战火还是烧毁了很多东晋的官藏图籍,刘宋接管的东晋官藏图书典籍也仅仅只有原来的那四千卷。可是到了元嘉八年(公元 431 年),通过政府努力向民间收集整理的举措,刘宋政权藏书已达到一万四千五百八十二卷,到元徽(公元 473—477)年间,增到一万五千零四卷。刘宋王朝也是昙花一现,很快被齐王朝取代,南齐的官藏在刘宋王朝的基础上略微有所增加,但这部分增加的图书典籍有很大一部分是朝内各位大臣个人的著述。例如大臣萧子懋撰有《春秋例苑》三十卷,皇帝很赏识,把萧子懋的书都收藏到了秘阁里。到齐武帝永明年间,齐政府官藏达到一万八千零一十卷。但南齐的官府藏书消防措施做得不怎么好,发生过一起大型火灾,图籍因火患损失很严重,史书《梁书·王泰传》记载:“齐永元末,后宫火,延烧秘书,图书散乱殆尽。”齐王朝末年时,反叛战乱再次开始,一把兵火又“延烧秘阁,经籍遗散”。总的来说,在南朝中,萧梁时期的官府藏书算是最丰富的,梁武帝不仅对佛寺的修建贡献很大,对官府藏书也颇有远见卓识,他在夺权攻入京城时,就“命吕僧珍勒兵封府库及图籍”。而且梁武帝萧衍还喜欢一边学习一边写书,他涉猎的范围很广泛,可以说儒、道、佛学样样精通。《述三教诗》及《广弘明集》记载:萧衍“少时学周孔,弱冠穷六经”,“中复观道书,有名与无名”,“晚年开释卷,犹月映众星”。萧衍当上皇帝后,他发布向民间征书的命令,要求“便宜选陈农之才一,采河间之阙。怀铅握素,汗简杀青,依秘阁旧录,速加缮写”。民间的藏书家,也很配合梁武帝的征书活动,家里有什么奇珍善本都乖乖上交。梁武帝还算是一位开明的皇帝,他在位时期,采取了一系列稳定社会和经济发展的措施,他晚年的时候偏好佛学,大力推进佛教文化,官府藏书也在这个时期迅速增加。天监四年(公元505年),官府藏书总量达到二万三千一百零六卷,规模宏大,《隋书·经籍志》给予称赞:“梁武敦悦诗书,下化其上,四境之内,家有文史。”但是到耄耋之年的梁武帝由偏好佛教到沉迷佛教,整天念佛,荒废政事,朝廷内部混乱一片,将领侯景趁机叛乱,判兵四处焚烧抢掠,金陵城内东宫数百箱图籍遭到焚毁,“简文募人出烧东宫台殿遂尽,所聚图籍数百厨,一皆灰烬”。多少珍贵的图书典籍就这么跟着梁武帝无辜地消失了,武帝本人也在此次事件中被逼迫而死。父亲死了,梁武帝的儿子萧绎便被辅佐为皇帝,即梁元帝,他也跟他父皇一样有收集书籍的爱好,还创新建立正御本(御本,即宫禁中所藏的书籍)制度。梁元帝带领众臣平定了侯景之乱后,“收文德之书及公私经籍,归于江陵,大凡七万余卷”,使得他当政时期官府藏书总量达到了十余万卷。梁朝也是个短命的王朝,元帝承圣三年(公元555年),西魏军队攻破江陵,梁元帝悲叹“读书万卷,犹有今日”,他悲怒中亲手烧毁藏书十万余卷,不久之后,元帝兵败出降并被杀害,西魏统治者从余烬中收拾残遗藏书时,只收得残破不全的藏书四百余卷。等到陈朝建立,因为前任王朝的图书损毁严重,致使陈朝政府的官府藏书走入低谷。尽管陈文帝陈蒨很不甘心,“又更鸠集”,大力颁布征书措施,官府对书籍进行征集活动使得其官藏积蓄略有增加,但缺漏仍然很严重,而且征集到的书的质量比较差。《隋书·经籍志》中记载,陈朝“纸墨不精,书亦拙恶”。因此陈朝也成为南朝中官府藏书质量最差的一个朝代。

南朝朝代数迭之时,北方的十六国、北朝也没好到哪儿去,不断处于兵燹战乱之中,《魏书·儒林传》载:“自晋永嘉之后,运钟丧乱，宇内分崩，群凶肆祸，生民不见俎豆之容，黔首唯睹戎马之迹，礼乐文章，扫地将尽。”在这种动荡不安的政治局势下，图书典籍的收藏与保管受到严重的侵扰与损毁，因此那时候北朝政府的藏书整体质量不高，而且发展很缓慢。等到北魏时期，太武帝拓跋焘平定了五胡十六国，社会暂时进入了安定团结的状态。但是北魏初期轻视书籍可能带来的效应，因此不太重视图书典籍的收藏，当然也没有建立官府藏书的系统机构。但是汉人李先归顺北魏后这种无书的局面开始慢慢转变，据《魏书·李先传》记载，李先归顺北魏后受到重用，升迁为博士一职，专门掌管经学传授的事务，无书可读自然无法教授课程，李先就向当政者建议“严制天下诸州郡县搜索备送”。当时的北魏皇帝是道武帝拓跋珪，他开明地采纳了李先的建议，开始向民间征集书籍。但是北魏地区整体的文化环境不好，所以那时候的北魏官府能收集到的藏书数量不多。但是到魏孝文帝拓跋宏时代，情形就大大不同了，拓跋宏天性聪颖，一生勤奋好学，熟稔汉文化。公元 493 年，他远见卓识，迁都洛阳，开始大力推进本朝的汉化政策，同时开始注重官府的藏书进展。太和十九年(公元 495)，孝文帝下诏“求天下遗书，秘阁所无、有裨益时用者加以优赏”，对图籍进行广泛地搜集和整理。对待藏书的工作，拓跋宏很能放得下面子，他亲自给南齐皇帝写借条，借来南齐所藏的善本进行抄录来充实自家的官府藏书。文帝的儿子宣武帝学他父皇的遗风，于永平三年(公元 510)“诏重求遗书于天下”。北魏的统一与安定相对长久一点，为社会经济和文化事业的恢复发展创造了客观条件，提供了机遇。官府对图书的收藏与整理也很重视，不断下诏搜求，官府的藏书量与日俱增，使其藏书事业达到了高峰。可惜太平日子没过太久，北魏王朝走到了头，朝中权臣尔朱荣兵变叛乱，同时民间也爆发农民起义，宫中大部分藏书又遭厄运，在混乱之中烧的烧，散的散。这么一通混乱后，北魏被迫分裂成东魏和西魏，但是繁华不再，东、西魏所收藏的图书典籍规模都小得可怜。公元550年到556年，北齐、北周分别代替东魏和西魏。北齐政府建立后，皇帝继续发布求书命令，使得北齐在东魏官藏的基础上，藏书量稍微有所增加，《隋书·经籍志》中记载了当时政府的征书活动，"后齐迁邺，颇更搜聚，迄于天统、武平，校写不辍"。《北齐书·文宣帝纪》也记载了他们皇帝的这一英明策略，说文宣帝高洋曾诏曰："在位王公、文武大小，降及庶人，爰至僧徒，或亲奉音旨，或承传旁说，凡可载之文籍，悉条封上。"但是，不管政策如何，毕竟当时的客观条件有限，所以北齐官府藏书增长量也极其有限。公元577年，北周灭齐一统北方。北周太祖宇文泰很喜欢孔子的经学，在京师长安设国子学来推动儒学文化的发展，北周官府的藏书由此跟着有所增加，但增长量和总量仍然很少，到太祖后期官府藏书规模也不过就一万多卷。所以不能不说，北周的官府藏书在整个魏晋南北朝官府藏书事业中赶上了一个萧条低落的时期。

魏晋南北朝这一时期的官府藏书经历的是一个曲折变化的过程，这一个历史阶段，频繁的兵燹战乱和与之相伴随的政权更迭如走马观花一样，导致大量古文化瑰宝典籍散佚甚至彻底损毁消失，而各政权的藏书职能也难以保持稳定并得到充分发挥。但是，在这个特殊的历史时期里，秘书监这一官府藏书机构和运行机制得到了进一步的发展与完善，而且古文献四分法的甲乙丙丁四部次序就是在这个时期最终形成的，所以，我们不能小觑魏晋南北朝时期官府的藏书事业，旋聚旋失的特点致使他们的成绩算不上斐然，但这个时期的官府藏书事业无论在运行和管理机制上,还是在图书分类法上都起到了承上启下的重要作用。所以中国古代的藏书事业史无论如何都不能跳过这个特殊的发展时期。

魏晋南北朝的私人藏书

到了魏晋南北朝时期，私人藏书在各个方面显示出新的特点。与汉朝相比,私人藏书已成为社会较为常见的一种现象。据统计,这个时期除了佛典、道籍、墓志中记录的藏书家,史书中记载的藏书家有一百零二，其实当时实际藏书人数要比这个人数多得多。

这个时期有十四名著名的私人藏书家,他们各自的私人藏书都在万卷之上。据记载,梁昭明太子萧统藏书差不多有三万卷,梁宗室萧劢藏书也将近三万卷,沈约、萧纶、张缵藏书均有两万卷,崔慰祖、陆澄、任昉、王僧孺、张缅、许亨、元延明、辛术、穆子容等人的藏书也都超过了万卷。梁元帝个人藏有十四万卷书,成为当时的藏书冠军。另外还有一些藏书量不算很大的知名藏书家,例如李业兴、王弼家藏有近万卷的书,司马道子、崔祖思、刘善明每家藏书有八千卷,范蔚、孔休源藏书有七千多卷,宋世良有藏书五千卷,李谧藏书四千卷多,葛洪、皇甫谧、萧子良、褚湛之、谢弘微、沈亮、陶弘景、阮孝绪、萧秀、王泰、柳世隆、沈驎士、刘慧斐、张盾、徐伯阳、江总、宋繇、李顺、江强、阳尼、元顺、陈元康、贺拔胜、陆爽、黎景熙、杨愔等人家里都有上千卷的藏书。此外，还有一些史料记载不详，但藏书量也较多的人，例如三国蜀汉的向朗据说积聚篇卷特别多，可惜由于史料记载不明确，我们无法知道他到底藏有多少卷书；西晋张华搬家时仅书就装了三十牛车；北魏宗室元晏家里藏书传说比皇家藏书楼里的还多；高间和李冲家里藏书也数不胜数；齐朝的王俭不知从哪里收集了好多书，"悉以四部书充俭家"；梁朝的萧机爱好学习，博学强记，所用的资料都是自己家里收藏的；萧静家里很有钱，收集到的藏书多是经史之类的；萧循喜欢收藏五坟六籍之类的书；东晋的殷允、张敞、郗俭之、桓石秀，北齐王朝的邢卲、魏收、辛术、穆子容、司马子瑞、李业兴等人的家里都有大量藏书。另外，在关于魏晋南北朝的古文献里，还记载了一个姓云的雅人，他耽玩典籍，以琴书自娱，以坟籍为务，四十年不出门，闭门自守，所对唯琴书而已。这一类藏书家在当时也不在少数。而且那时候那些经学大师、私人教育家的家里或多或少都有一定的藏书。

魏晋南北朝时期出现了如此多的私人藏书家，与当时的社会大环境有着密不可分的关系。那个时期的人们以藏书多、读书好为荣耀。如此的社会风尚必然导致这个时期私人藏书家骤然增多，痴迷于书者可谓灿若群星。这一个时期虽然社会一直动荡不安，但也确实是一个藏书、著书、教书、读书的好时代。而且，这个时期的藏书群体也由汉代的王公贵族、士大夫阶层扩展到了平民百姓，打破了图书被封建贵族垄断的局面，使书籍如燕雀一样飞入了寻常百姓家。

在魏晋南北朝的史料中，随处记载了许多贫穷学子刻苦读书的事迹，从中我们也可以看出，在当时社会，图书不再是凤毛麟角，稀不可得的了。那个时候，私人藏书家的藏书来源总结起来主要有七个，第一个途径便是拿钱购买。在魏晋南北朝时期，一些相对较大的城市中已经有一些专营图书的书店，一些租不起店铺的小书商也会沿街摆摊贩卖各类图书。而爱书的收藏家们会亲自上街淘书，自己去不了的地方会托人代买。史书里记载的这类故事很多，比如葛洪有一次到洛阳出差，刚到达该地便想着上街“搜求异书，以广其学”。还有人看见著作佐郎王遵业在大街上和小书商讨价还价地买书。那个时代的人也爱看畅销书，《北史·阳俊之传》记载：“当文襄时，多作六言歌辞，淫荡而拙，世俗流传，名为《阳五伴侣》，写而卖之，在市不绝。”第二个途径便是雇人抄写。南齐王朝的张缵是个书迷，晚年的时候，有抄书积聚的嗜好，据说抄写图书达数万卷。他一个人应是抄不了这么多，应该是雇人抄了不少。那个时代雇人抄书的现象很普遍，收藏抄本的人也很多。估计当时抄本要比印刷本的成本便宜。第三个途径便是荫阴祖福。晋朝时期的范平，他的祖上都是好学之人，最后作为遗产传给范平的书有七千余卷。而宋朝弘微的祖上很有钱，传给他的财产很多，其中包括数千卷的图书典籍。陈朝陆从典的父亲陆瑜是个书迷，等到陆瑜临终的时候，把家中全部坟籍都托付给陆从典保管。第四个途径便是藏书家自己躬亲抄录。北朝穆子容的爱好便是遍求天下善本，求到一本便借过来抄录，最后珍藏这类抄本达万余卷。南朝的王泰亲自所抄的书大约有两千卷。齐朝的沈驎士一辈子笃学不倦，可惜家里防火措施没做好，失了一次火，把珍藏的图书典籍烧毁数千卷。那时候沈驎士已经八十多岁了，仍然耳不聋眼不花，他很倔强，硬是把火中抢救出来的残书凭着记忆重新抄写，最后复原的抄本有两三千卷。梁朝的刘惠斐和梁武帝的爱好相同，尤明释典，工篆隶，到山上的寺庙里抄写佛经有两千余卷。第五个途径便是皇帝赏赐来的图书。宋朝时的沈氏家族,当时的皇帝一次性就赏赐他们家两千卷书。梁朝的王晾家除了藏书别的什么也没有,其中一部分藏书就是皇帝恩赐的。陈朝江总把皇帝赏赐的图书保管得很好,代代传下来的就有数千卷。第六个途径便是亲朋好友馈赠的图书。据史书记载,周朝的蔡大宝曾经把自己的一些珍贵善本拿给当时的仆射徐勉看,徐勉特别欣赏蔡大宝的这种大方处事的态度,让蔡大宝和他的儿子游玩相处,后来徐勉把蔡大宝当儿子看待,自己珍藏的许多文献典籍最后都赠送给了蔡大宝。陈朝的时候,侯景之乱开始后,大将萧纶举兵去援救前线,不知道自己还能不能再从沙场上回转,走的时候把自己收藏的两万卷图书典籍都留给了好朋友马枢。第七个途径便是从战争中获取图书。晋朝时期,应詹与陶侃在长沙一举攻破杜弢的军队,收缴了不少战利品,可谓金宝溢目,但是应詹除了收缴图书典籍之外,别的什么也没要,世人为之喟叹不已。北齐的大将辛术也是个将书当宝的人,他平定淮南后,除了大收典籍外,其他金银财宝看都不看。周朝的唐瑾也是这样一个人,打仗胜利后,其他将领掳掠了很多财物,唐瑾别的什么都不要,搜罗了两车书,拉回自己家去了。

魏晋南北朝时期还出现了专藏某一类书籍的藏书家。比如魏朝的江式,他们家例来偏好书法、文字之学,所以他们家里收藏的多是"古篆八体之法"。南齐的贾渊,他的祖父贾弼喜欢广集百氏谱记,专心治业。晋朝太元年中,皇帝特别加封贾弼为史书吏,撰定缮写的书都藏到秘阁里。加上贾渊的父亲和他自己的努力,三世传学,总结出十八州士族谱,共有七百余卷谱系之书,世人莫比。陈朝的徐伯阳家是专藏史书,有三千多卷。

魏晋南北朝总体来讲是个写本的时代,但那个时候的图书典籍已经有版本之分了。北齐颜之推在他的《颜氏家训·书证篇》中就提到过江南本、河北本、古本、今本等多种版本的图书。但那个时期由于抄书人的素养和文化水平不同，书籍内容深浅各异，所以抄出的图书水平参差不齐。藏书家们注意到了这一点，有些藏书家就不乱藏一些抄本了，专门收集一些异本、佳本，形成自己的藏书特色。梁朝任昉、王僧孺，聚书万余卷，大多都是异本。北齐辛术收集的万余卷典籍则多是宋、齐、梁时的佳本。这些异本、佳本对校勘、学习很有用途。而有的藏书家为了便于检寻和使用，还将自己常用的图书抄成袖珍本。比如南朝的萧钧把《五经》抄成一个袖珍本，置于巾箱中，以备遗忘时翻阅。侍读贺玠问他："殿下家自有坟素，复何须蝇头细书，别藏巾箱中？"萧钧便回答说："巾箱中有《五经》，于检阅既易，且一更手写，则永不忘。"这种抄写袖珍书的行为对于学习大有裨益，所以当时很多人都争相摹效着做。

也正是由于魏晋南北朝的人们热衷于藏书，所以在这个时候出现了中国古代最早的私人藏书处所。魏朝的平恒是燕郡蓟(今北京西南)人，不但博闻强记，还收藏了好多书，晚年的时候建了一座特别漂亮的房子，把他的书都藏了进去，专门设置了一名家奴整理，连他的妻子都不准进入。平恒的这座藏书处所是在正史中首次明确记录的比较正式的私人藏书建筑，它独立于居室之外，专供藏书、阅览、研习使用，被世人称为"精庐"，设计精美别致，与普通房舍不同，很可能还有简单的防火、防蛀措施。这座"精庐"是私人藏书发展的必然结果，在私藏发展史上具有非常重要的意义。魏晋南北朝时期，随着私人藏书不断增多，藏书活动内容也愈来愈丰富多彩。藏书家们不仅藏书，而且开始随时进行整理、校勘。这些藏书家们真是不畏辛劳、乐此不疲地躬行其事。三国时期，蜀国的向朗一生都潜心典籍，可谓孜孜不倦，八十多岁了，还在亲自校书，刊定谬误。魏国的李谧身体本来羸弱多病，还在收集诸经，广校异同，最后积劳成疾，英年早逝。宋朝的刘穆之是个大忙人，内总朝政，外供军旅，在这么忙的情形下一有闲暇，他就会亲自抄写书，寻览篇章，校定坟籍。还有刘宋的傅隆，萧梁的孔休源、萧静，元魏的张兖等人，史书中有他们都整理过自己的藏书的记载。通过这些藏书家的藏书活动，不仅为后人留下了优质的图书典籍，而且还提供了宝贵的校书经验，为校勘学的发展做出了贡献。而且尤为宝贵的是，许多藏书家还编有藏书目录，像王俭的《七志》、阮孝绪的《七录》等，颇受后人推崇。王俭（公元 452–489 年），字仲宝，琅琊临沂（今山东）人，是宋、齐两朝的政治家和学者。在宋明帝当政时官做到太子舍人、秘书丞。齐朝取代宋朝后，继续做官，迁尚书右仆射，统领吏部。他亲自撰写有《古今丧服集记》，主持编写了国家目录《宋元徽元年四部书目》，还编撰有自家私藏目录《七志》。《七志》将王俭自家的藏书分为七大类，分别为《经典志》《诸子志》《文翰志》《军书志》《阴阳志》《术艺志》和《图谱志》，后面还附了佛、道书籍以及晋《中经新簿》以前各目录书的所缺书目。《七志》的意义重大，开了私藏目录之端。 阮孝绪（公元 479–536 年），字士宗，陈留尉氏（今河南）人，是梁朝没有官职的知识分子，坚不出仕，博学多识，贫困自守。他著有《正史削繁》等七种书，还编有自家的私藏目录书《七录》。《七录》分为内外篇，内篇有《经典录》《纪传录》《子兵录》《文集录》《术技录》，外篇有《佛法录》《仙道录》。《七录》继承和总括了前人的目录成果，是一个比较完备的综合目录，在分类、解题、增补私藏、序、后胪列古代目录等方面多有开创。

魏晋南北朝时期的私藏家还利用自家所藏进行讲学和著述，藏用结合。那个时代，私学已经很发达，许多知识分子开门纳徒，比如晋朝的刘兆博学广闻，温笃善诱，教出的学生有好几千人。北魏的高允坚不做官，还家讲学，学生也有好几千人。北齐的张买奴学识渊博，讲解精到深刻，学生们都很推崇他。另外，这个时期的藏书家们还利用自家所藏，辛勤耕耘，潜心著述，硕果累累，有王弼的《周易注》、杜预的《春秋左氏经传集解》、葛洪的《抱朴子》和《金匮药方》、皇甫谧的《针灸甲乙经》、萧子良的《四部要略》、陆澄的《地理书》、崔慰祖的《海岱志》、王俭的《百家集谱》、萧秀的《寿光类苑》、沈约的《宋世文章志》、任昉的《地记》、王僧孺的《百家谱》、萧统的《文选》、陶弘景的《本草经集注》、徐勉的《流别起居注》、阮孝绪的《七录》和《高隐传》、明山宾的《吉礼仪注》、元晖的《科录》、元延明的《器准》、阳尼的《字释》、李谧的《春秋丛林》等。而且值得赞许的是，当时的私藏家们人文精神很浓，他们没有把自己的收藏秘而不宣，很乐意对外借阅，愿为他人做嫁衣。例如向朗家里的藏书是当时最多的，开门接宾，方便借阅。元晏更是谁来借都不拒绝，由此而被时人所称道。李彪年轻时借别人家的书学习抄诵，后来自家藏书多了，也会借书与人用。陆少玄更是把他们家祖传下来的万余卷书都借给张率看。还有的藏书家不仅热情出借，还善意十足地为贫者提供住宿，筹办衣食。例如范蔚家藏书有七千余卷，远远近近每天来借书的有百十余人，范蔚还给他们管饭吃。崔慰祖家的藏书有万卷之多，邻里年少好事者过来借阅，日数十袠，慰祖亲自取与，从没有推辞过。所以那时候有很多人是靠阅读私家藏书而成为文彦俊才的。另外，那个时候的私人藏书家还用自己的藏书襄助他人完成学术著作，例如著名的《三国志注》《世说新语注》《水经注》的问世，都不同程度地参考了私家藏书。而且私人藏书对典籍的散佚也起到了一定的保护作用。

总的来说,魏晋南北朝的私人藏书家主要是贵族、官僚、学者三个阶层的人士,虽然他们的家世、经历、职业、性格不同,藏书志趣各异,或为著述,以垂名后世;或为治学,以探研学术;或为苦读,以博取功名;或为办学,以润泽世人,但是他们皆钟情于书,他们不同的藏书目的丰富了藏书文化的内涵,繁荣了私藏事业。

魏晋南北朝时期是中国政治上最混乱的时代,然而却是精神史上极自由、极解放、富于智慧、浓于热情的一个时代。当时民族的冲突,阶级的交锋,国家的前途,百姓的境遇,佛、道理念和传统文化的碰撞等,这些现实问题使众多仁人志士在宽松的学术环境中开始独立思考,以寻求解决方案。一批有责任感的哲学家、史学家、文学家、高僧、道士各骋胸臆,著书立说,阐述对社会、人生的看法。激烈的论争,深入的探讨,相互吸纳,勤奋耕笔,佳作迭出,致使当时的学术界空前活跃,出现了历史上第二次“百家争鸣”。由此也造就了当时私人藏书发展迅速的局面,形成了那个时代独有的私人藏书文化。

魏晋南北朝的寺院藏书

佛教在魏晋南北朝时期兴起与发展，得到了统治者和平民百姓的普遍尊崇和信奉。尤其是梁武帝时期，大兴佛寺，对佛教在中国的传播起了不可磨灭的贡献。这个时期的社会动荡不安，百姓流离失所，佛教的教义思想正好和人们苦难的心灵相契合，给人们带来了精神上的慰藉和希望。随着佛教的传入和兴盛，佛教译经也大量涌现，寺院藏书便日渐兴起，日后逐渐发展，成为中国古代社会与官府藏书、私人藏书、书院藏书并存的其中一大藏书系统。

起源于古印度的佛教大约在两汉之际传入中国，最早是上层社会的专宠，后来逐渐被寻常百姓接受。到了曹魏时期，虽然魏武帝、魏文帝并不信佛，但此时寺院藏书仍在向前发展。《出三藏记集》这本经书是竺朔佛、支谶等人在洛阳译出的，又在建安十三年（公元 208 年）八月八日于许昌寺校订。这个时期有译经、校经之举，说明当时的寺院已有一定数量的藏书。到曹魏中后期，魏明帝开始信奉佛教，寺院藏书获得了新的发展机遇。齐王曹芳嘉平年间，印度僧人昙柯迦罗、康僧铠先后在洛阳白马寺译经。

高贵乡公正元年，安息僧人昙无谛也在此译经。据统计，曹魏共译佛经十二部十八卷。而且曹魏还修建了一些寺庙，如无迁寺、建官寺等，供印度及西域僧人居住和进行传经活动。江东孙吴则是一开始就对佛教采取宽容和尊重态度，许多僧人如安世高、支谦、康僧会等奔赴东吴，使东吴的都城建业成为当时佛教的中心。孙权还在赤乌十年(公元 247 年)为康僧会建寺礼佛，这座佛寺是江南历史上的第一座佛寺，故名建初寺。康僧会从此一直在建初寺从事译经和传教活动，直至西晋武帝太康元年(公元 280 年)去世为止。另外，孙吴政权还建有其他寺院，支谶便是在吴地的某家寺院译经三十六种四十八卷。据统计，孙吴时期共译佛经一百八十九部，四百一十七卷。

西晋王朝的前期，晋武帝司马炎对佛教采取不扶植的态度，但是等到了西晋后期，晋惠帝很信佛，在洛阳大建佛寺，晋愍帝也在长安建寺来供养僧人。由此，洛阳、长安成为当时佛教传播的两大中心，共有佛寺一百八十所，僧尼三千七百人。当时的译经大师竺法护、竺叔兰、法立、法炬、支法度、无罗叉等人，共译有佛经三百三十三部，五百九十卷。东晋时期，佛教的黄金发展期来临了，上至皇帝、王公贵族，下至平民百姓，很多人开始信奉佛教，整个东晋时期建有寺院一千七百六十八所，僧尼两万四千人，译佛经一百六十八部、四百六十八卷。北方政权十六国中的后赵、前秦、后秦、北凉政权都大力倡导佛教，后赵的石虎开始颁诏准许百姓奉佛出家。石虎当政后赵的这个时期，建有寺院八百九十三所。前秦的苻坚对佛教更加尊崇，不断恩赏于僧尼，还请来名僧释道安进行译经活动。释道安和其他译经僧人共译出佛教典籍十五部，一百九十七卷。后秦的姚兴甚是尊儒敬佛，特别建了一座逍遥园专用来供养僧侣。这一时期，在高僧鸠摩罗什的主持下，共译经九十四部，六百二十四卷。而北凉沮渠蒙逊时期，凉州因为是天竺、西域进入中原的必经之地，更是名僧汇聚，塔寺众多。印度高僧昙无谶到北凉后，受到沮渠蒙逊的厚待，并在慧嵩、道朗的协助下，译出佛经十一部，一百一十七卷。北方十六国时期，他们译经二百五十一部，一千二百四十八卷。这个时期译经事业迅速发展，寺院藏书比三国时期有较大发展，道安在襄阳居住的檀溪寺，在长安居住的五重寺，鸠摩罗什在长安居住的中寺、大寺，慧远的庐山东林寺等，均藏有大量佛经与其他图书典籍。

南北朝时期，帝王将相多数迷佛，社会上也出现了崇佛狂潮，寺院林立，僧尼众多，佛教繁盛，佛典繁富，佛教藏书也随之达到鼎盛。南宋的文帝、孝武帝、明帝都笃信佛教，广建寺院，宿僧译经。这个时期著名的藏经寺院是牛头山佛窟寺。这座寺院位于丹阳(今安徽当涂东北)城南，因有辟支佛窟而得名，由刘司空所建，藏有佛经、道书、佛经史等七藏经书。刘宋一个王朝就建有佛寺一千九百一十三所，僧尼有三万六千人，求那跋陀罗、求那跋摩、智严、宝云和释昙无竭等著名的译经高僧有二十二人，共译四百六十五部，七百一十七卷。等到萧齐时期，高帝、武帝更是尊崇佛教，武帝临死时还在遗诏中谆谆教导儿孙要尽心礼佛，供养玉像。他的儿子竟陵王萧子良比武帝更崇迷佛教，他招募名僧，讲习佛法，道俗之盛，江左未有也。他还亲自抄写佛经十七部，给自己起法号为“净住子”，并且劝人为善，因此在当世享有盛名。萧齐王朝存在的时间很短，却建有佛寺二千零一十五所，僧尼三万二千五百人，所译佛经十二部，三十三卷。到梁朝，梁武帝萧衍更是四次舍身入寺，亲自讲经、注经，并组织译经。佛教在其大力扶植下，到达了鼎盛时期。梁朝共建有佛寺二千八百四十六所，僧尼八万二千七百人。梁武帝特批华林园专藏佛典，还命令僧绍整理编辑了《华林佛殿众经目录》。位于建康东北钟山的定林寺，藏经四千余卷，著称于江南。另外，建初寺、长沙寺也是当时富藏佛经的著名寺院。当时释僧佑编撰的《出三藏记集》共十五卷，记录佛籍二千一百六十二部，四千三百二十卷，这一点足以让我们想象出当时寺院藏经的盛况。可惜好景不长，梁朝末年侯景发动变乱，京师佛寺七百余所焚烧殆尽，各地寺院藏书均遭到了不同程度的破坏。到陈朝时，文帝、宣帝也信奉佛教，努力恢复寺院藏书，但此时全国仅有佛寺一千二百三十二所，僧尼三万二千人，译经四十部，一百三十三卷。

魏晋南北朝时期的寺院藏书形式除以手写佛经为主外，还创造了一种新的藏书形式——石刻佛经，即将相关经文刻在石窟中摩崖上。北齐特进骠骑大将军唐邕说，无论是缣缃皮纸，还是简策之书，都容易受到水火的毁坏，然而金牒难求，佛教经典应该想个办法长久保存才行。后来佛教徒们想出的办法就是把佛经刻在佛窟石壁上或镌在石板上存放在窟中，从而开创了石刻佛经，使之成为保留经本、防备法灭的一种新的藏书形式。北朝时期开凿的石窟非常多，主要的石窟有北魏开凿的大同云冈石窟、洛阳龙门石窟，北齐开凿的天龙山、响堂山石窟。其中响堂山有南北二处，北响堂山石窟包括刻经洞、释迦洞和大佛洞三大窟。光一个刻经洞就花费了四年时间，窟内外的壁面山镌刻有《维摩经》《胜曼经》《孛经》《弥勒成佛经》各一部。而这个时期最著名的要算北齐南岳慧思大师发愿倡议，由弟子静琬开始实施，历时千余年才完成的房山石经。

魏晋南北朝时期，寺院藏书的整理与利用表现在对佛教藏书的整理编目和对汉文佛教大藏经的初步建立上。随着寺院藏书的勃兴与发展，佛教译典的数量和品种日益增加，进行去伪存真、校订整理的工作已经势在必行，于是各寺院开始对其藏书进行系统整理，编制佛教目录，使之规范化、体系化。这个时期的佛教目录大多记录了一寺、一地或一时所藏佛典，是对佛教藏书进行整理的最重要成果，也是我国目录学史上富有特色的重要组成部分。这一时期产生的佛经目录有四十多部，其中影响最大的是释道安于东晋孝武帝宁康二年编制的《综理众经目录》和释祐于梁武帝天监四年撰成的《出三藏记集》。《综理众经目录》是中国古代较早的佛经目录书，著录东汉光武帝到晋宁康二年(公元374年)所出的佛典，是对当时中国佛教典籍的一次梳理和总结。全书分六类：一是经论本录，收录自汉至晋十七家二百四十七部完整而质优的译经；二是失译经录，共收失缺译者姓名的译经一百三十四部；三是异经录，收录各地区不同版本的译经；四是古异经录，收录古代翻译的佛经九十二部；五是疑经录，共收真伪存疑的经书二十六部，三十六卷；六是注经杂经录，收道安自己所注佛经共十八部，二十七卷。这个时期，著名文学评论家刘勰和僧祐等人共同努力，整理、编撰了中国现存最古老的佛经目录《出三藏记集》。这本书全录十五卷，著录佛经共二千一百六十二部，四千三百二十八卷。全书分为四部分：一为撰缘记，记载佛教三藏和译经的起源；二为铨名录，记从东汉以来译经目录，其中又分十二录；三为总经序，记各经的前序和后记一百二十篇；四为述列传，记译经人的传记。前两卷记录外国僧人二十二人，后一卷记录中国名僧十人，共三十二人。录内又有《集三藏录记》《十诵律五百罗汉出三藏记》《菩萨处胎出入藏记》三篇文字，详细叙述了佛经结藏的过程，成为研究南北朝佛藏发展的重要文献。

大藏经是汉朝佛教独有的典籍，通常被称作“众经”“一切经”“经藏”“藏经”“大藏”等,是佛教典籍的总汇名词。手写大藏的版本萌芽于南北朝道安(公元 314-385 年)时期。道安在他编写的《综理众经目录》中提出了疑、伪经的问题,事实上是提出了大藏的取舍问题。随后,鸠摩罗什的弟子慧观提出了“五时判教”的观点,为佛教大藏经体系化的形成提供了进一步的理论依据。而这个时期佛典目录的大量涌现，客观上为一定地区各个寺院之间的交流提供了规范，同时又推动了各种自行设定的大藏经组成标准的出现。此外,佛教三宝思潮的影响、社会信众功德心理的强化等都大大推动了手写大藏的出现。在多重因素的推动下,各类手写大藏的雏形不断出现,齐明帝,陈武帝、文帝、宣帝,魏道武帝,齐孝昭帝等人都写过大藏经。这些不同类型的大藏经的出现,是当时寺院藏书整理利用的一个重要成果,同时,又为寺院藏书的建设与发展提供了理论标准，促进了佛教寺院藏书的发展。

魏晋南北朝时期的寺院藏书处于起兴勃发的阶段,在中国古代整个寺院藏书史上却占有重要地位。寺院中不仅保存了大量的佛家经典和其他典籍,而且人们非常注重藏书的整理和利用,开始了佛教目录的编纂，为后世的佛学研究留下了大量宝贵翔实的史料，更为隋唐及其以后历代寺院藏书的兴盛与发展奠定了基础。

魏晋南北朝时期,寺院藏书已经发展为一种普遍现象,遗憾的是许多寺院藏书后来被历史湮灭，现只能将史料记载藏书较为丰富的寺院介绍如下。

建业建初寺

建初寺是孙权为康僧会在当时的东吴都城建业城内建造的,

是中国古代历史记载的江南的第一座佛寺。这座寺院起名为建初，是因为修建之地为建初之地佛陀里。自建初寺建成后，东吴的佛法开始兴盛。而僧人康僧会从此以建初寺为基地，从事译经和佛教活动，直至西晋武帝太康元年（公元280年）去世为止。康僧会死后，他的弟子僧佑承递他的香火，在建初寺造立经藏，搜校佛教典籍。梁天监十七年（公元518年）五月二十六日，僧佑在建初寺内圆寂。据说，建初寺藏有很多的藏经和藏书。

襄阳檀溪寺

檀溪寺是由东晋的僧人道安建立的。兴宁三年（公元365年），道安率领弟子躲避战乱来到襄阳，他们先居住在襄阳的白马寺。后因白马寺院比较狭小，道安决定另建檀溪寺。檀溪寺共有五个塔层，四百间房屋。道安和他的弟子在檀溪寺居住了十五年，他们在这里建僧团，明戒规，讲经教，理佛经。《综理众经目录》就是在这里编制的。檀溪寺逐渐地积累，藏有大量的佛教典籍。

庐山东林寺

东林寺是江州刺史桓伊为道安的得意弟子慧远修建的。公元378年，前秦大军压境之时，东晋守将朱序拘禁了道安，道安只好将诸弟子分遣四方。他的弟子慧远东下到达庐山，挂单西林寺，桓伊为他建成东林寺后，他迁居于此，修行、传教、著述，直到去世。慧远是继道安之后东晋后期南方佛教界最有影响的人物之一，他在东林寺收藏了大量的佛教典籍与教外图书。而且东林寺还编有藏经目录《庐山录》一卷。慧远的弟子释道流依据东林寺的藏经编有《魏世经录目》《吴世经录目》《晋世杂录》《河西经录目》等四部目录，但是释道流的目录还未完成就因病去世了，最后由他的僧友竺道祖补编而成。虽然这些书目早已亡佚，但我们依旧可以看出当时东林寺的藏书之盛。

建康道场寺

道场寺是东晋时期南方重要的译经、藏经中心。天竺僧人佛驮跋陀罗和法显在道场寺共同译出法显西行求经带回来的经书六部，六十三卷。佛驮跋陀罗还单独译出经书多部，求那跋陀罗等也曾在道场寺译过经。

会稽嘉祥寺

嘉祥寺是东晋孝武帝时代的郡守王荟起建造的。这座寺院藏书颇丰，僧人慧皎在这里编著《高僧传》时，参考杂录数十家，还有晋、宋、齐、梁春秋的史书。

长安五重寺

长安五重寺是释道安在长安时的居住地。公元 379 年，前秦派兵攻下襄阳后，道安被苻坚恭敬地请入长安，住进五重寺，成为前秦佛教界的最高领袖。道安在五重寺居住期间，继续佛学著述，组织中外学僧译经、译律。道安在这座寺院生活了六年，成就和影响都很大。道安北上长安时，很有可能带走了襄阳檀溪寺的一部分藏书，并在五重寺建立了新的藏书体系。

钟山定林寺

定林寺也叫定林上寺，是南朝著名的寺院。僧祐先后在钟山定林寺和建业城内的建初寺建立经藏，他也成为中国历史上第一个建立经藏的人。僧祐主持定林寺期间，定林寺收藏经书最多时达四千余卷。文学评论家刘勰也曾经在此帮助僧祐编制过经藏目录。

洛阳永宁寺

永宁寺是北魏时期洛阳城内著名的寺院之一，寺院中有僧房一千余间，那时候各国贡献来的佛经和造像都保存在这里。菩提流支来华后，北魏宣武帝也曾安置他在永宁寺译经。

邺城天平寺

天平寺是菩提流支随东魏迁都后的居住地。菩提流支在此历时二十余年，译经三十九部，一百二十七卷，并编有《译众经论目录》。北齐文宣帝天保七年(公元556年)那连提黎耶舍来到邺城，被安置在天平寺，文宣帝把千余夹梵本送给流支并请他译经。可见当时天平寺也藏经丰富。

这一时期藏书颇为丰富的寺院还有长安大寺、中寺，丹阳牛头山佛窟寺，会稽龙华寺，荆州长沙寺，陕州五张寺，郢州头陀寺，招提寺，陈留郡仓垣的水南寺、水北寺，等等。

隋朝的藏书事业

隋朝的官府藏书

建立于公元六世纪的隋朝，是继中国古代历史上短暂统一的秦朝和西晋之后的又一个短命王朝，隋朝于公元581年建立至公元618年灭亡，只经历了文、炀两代帝王，仅有三十八年的存在历史。隋朝虽然存在时间短暂，但是它在中国古代历史上的地位和作用却难以被忽略不计。隋朝建立的功绩，其一是结束了当时长期的分裂割据的局面，其二是它采取了一系列积极的改革措施，促进了当时政治、经济和文化的繁荣与发展。尤其是隋朝在藏书事业上所取得的成就，不但影响了当时的邻国，而且这种影响一直延续到后世的盛唐时期。

魏晋南北朝时期的频繁战乱和社会动荡所带来的破坏，使大量的图书典籍损毁情况严重。隋文帝登基后，便开始着手对图书典籍进行恢复收藏和整理校勘的工作。当时隋朝的官府图书主要收藏于上安的观文殿书库和东都的洛阳。洛阳作为隋朝重要的政治、经济和文化的中心，在官府图书典籍的收藏整理方面也占有十分重要的地位，当时，洛阳的图书收藏整理和首都长安的官府图书典籍收藏相互联系，成为隋朝官府图书收藏整理的两个重要组成部分。

隋朝刚建立时，图书典籍历经战乱，残败不堪，当时真实的情况是单本御书收集起来总共才有一万多卷，而且在部帙藏书典籍之间还存在残缺现象，和梁朝书目相比，只有一半。在这种情况下，隋朝的重臣牛弘便向皇帝请奏，希望隋文帝能派人到民间去搜集各种珍奇异本。经过深思熟虑后，隋文帝下达征书旨意，要求民间各地积极献书。隋文帝出示的征书奖励很丰厚，民间有献书一卷的奖励缣一匹，而且官府在组织人员抄写完毕后，还会将原书立即归还给原主人。在如此开明政策的鼓励下，珍藏于民间的文献典籍很快就被征收上来。仅用短短一两年的时间，隋朝的官府藏书便有了初步恢复的迹象。当时的晋王杨广也非常重视文献典籍的收藏整理工作，他经常会派手下到民间去搜集各种图书典籍。隋朝于公元 588 年攻打陈朝，平陈之后，开始大肆搜刮陈朝原藏的官府图书。这个时期，隋朝图书典籍的收集已经逐渐走向完备。

由于朝廷的高度重视，隋朝官府所藏图书典籍的数量呈明显上升的趋势，但是在重数量的情况下导致质量方面有所欠缺，特别是当时图书典籍所用的纸张质量较差，不利于长久保存，而且组织人员进行抄写时许多人的书法也比较拙劣。在这种情况下，隋朝政府只好颁布命令再次进行大规模的图书典籍搜集整理的工作，这次的征集整理工作主要是在首都长安展开，统一行动，任命秘书监柳顾言专门负责此次图书典籍的校订整理工作，并招募擅长书法的人员进行抄写，当时南阳的杜頵和京兆韦霈都参与了誊抄的工作。这次的图书典籍校订整理工作做得比较细致，在去除图书中重复杂乱内容以后进行汇总，并且选出精品图书典籍誊抄成正副两本入藏官府的藏书处所。隋朝政府经过这次整理校勘而充实到秘书省内外书院的图书典籍共有三万多卷，这些图书典籍便成为隋朝官府图书典籍收藏的主要来源。

隋炀帝登基之后，下令营建东都洛阳，并在东都设置图书典籍管理的官员，使得东都洛阳的图书典籍成为官府图书收藏的重要组成部分。隋炀帝还命人将秘书阁精选出的善本全部誊写出五十个副本，并分为三个品类，下品用漆轴装订，中品用绀琉璃轴装订、上品用红琉璃轴装订，装订后的副本全部放置到观文殿的东西厢屋来收藏。观文殿中的藏书共分为四个种类，西屋收藏子、集两部的图书典籍，东屋收藏经、史两部的图书典籍。后来官府又将自魏以来的各种古籍名画全部收藏在观文殿后面所修建的两个阁台之内，西面的阁台是专门收藏古籍名画的宝绩台，东面的阁台则是专门收藏古籍的妙楷台。而且官府还在观文殿内专门开辟有收藏佛经和道经的内道场，进行专门撰写图书目录的活动。那个时期的观文殿作为官府藏书的重要场所，设施已经十分的先进和完备。当时隋炀帝在观文殿内的书房就有十四间，里面设置的厨幔、床褥和窗户等都非常精致，每三个书房间会开一个方户，里面悬挂有锦幔。据传说，当时锦幔的上面画有两个飞仙，隋炀帝在书房的时候，宫人就会手执香炉过来，踩踏机关后锦幔上的飞仙就会飞下来，而当锦幔被拉起的时候，飞仙就会重新飞回到上面。而且书房的橱柜和门扇也都设置成自动开启和关闭的样式，隋炀帝离开书房的时候，门窗便会自动关闭起来。

隋朝时期的观文殿作为官府藏书的重要场所，藏书数量也是相当丰富，里面收藏的正本图书就有三万七千卷。其实，在隋朝初年的时候，长安的嘉则殿中所藏的图书典籍已有三十七万卷，隋文帝命秘书监柳顾言等人进行遴选后重新誊写，最后得到正本三万七千余卷,全部藏入观文殿之中。这些正本的图籍都是经过精心搜集整理得到的,书本全部使用宝轴锦带装裱过,外观十分华美精致,而且誊抄的书法整洁精妙,书页所用纸张也非常考究。后来唐朝韦述见到隋朝观文殿的某些藏本后,在他的《集贤注记》中由衷地赞叹道:隋朝时的图书典籍都是用萧子云的笔体书写,用广陵的麻纸誊写,赤轴奇带,华丽精美,妙不可言。

隋朝时期,观文殿内收藏的这些精美的图书典籍,在隋末的农民起义中也经历了劫难。李世民在洛阳打败王世充以后,将隋朝的这些官府藏书全部搜集起来,并装载到船上运往长安。但可惜的是,当时的运书船在行进途中因为种种原因沉没,后来被打捞上来的图书典籍也不过十之一二,而且目录已经残缺不全,成为中国古代藏书事业的又一次重大损失。

另外，隋朝在藏书事业上的成绩还体现在对佛学、经学、文学、音韵学、史学、目录学、艺术和科学的收集与整理上面。隋文帝统一全国之后,以身作则,带头倡导俭朴,致使当时社会政法清简,经济发达,在这种背景下,隋朝政府开始着手对各种图书典籍进行收集、整理与编撰。

隋朝时期,佛教经典受到朝廷的极大关注和重视,其实隋文帝早在北周末年,便开始注重佛教典籍的收藏与整理。当时他命部下组织人力为京师大都邑的佛寺抄经四十六藏,共十三万卷,还修缮旧经四百余部。隋炀帝登基后,又组织人力修治旧经六百一十二藏,总计二千九百多部。他还专门命人设置了翻经馆。据统计,文、炀两帝时期总共译有佛经九十部,五百一十五卷。

隋朝对经学图书典籍的收藏与整理工作,主要体现在官府组织开国功臣进行著述的活动上。早在隋朝初期,当时的重臣牛弘就写成有《五礼》百卷,后来刘焯著成《历书》和《五经述义》,刘炫著有《五经正名》《春秋述义》《尚书述义》与《毛诗述义》。到了隋朝末年，王通著成《中说》，而他的弟子李靖、房玄龄、魏征等都有这方面的著作问世，这些著述都被隋朝官府纳入官府藏书处所进行收藏。

隋朝政府对文学图书典籍的收藏偏重于当时的绮丽之书。隋朝统一之前，南北的文学风气差异很大，南方贵于清绮，北方重乎气质。南北统一后，北方文学受到南方雕琢文风的影响比较严重，重乎气质的风格渐渐地消失不见，隋文帝曾明令遏止这种靡靡之音，但收效甚微。尤其到隋炀帝时代，炀帝喜欢南方的语文之学，自己所写的诗文也是绮丽花鬘，所以这个时期宫体诗和骈体文章成为当时文学的主要表现形式，而那时杜正所收藏的《文章体式》被确定为作文的基本轨制。这个时期薛道衡、陆法言、颜之推、萧该和长孙纳言都是著名的音韵学家，他们在注意综合古今南北多种语言，广泛吸收前人研究成果的基础上，编著成一部音韵学巨著《切韵》。这部书共有五卷，约于公元 601 年完成，被隋朝官府收于皇家藏书殿阁之中。

隋朝对史学图书典籍的整理与收藏还表现在这个时期的官修史书上。隋文帝于开皇十三年(公元 593 年)下诏:“人间有撰集国史、臧否人物者，皆令禁绝。”随后隋朝政府开始修缮史书并进行收藏。但隋朝政府自己的官修史书缺点很多，书中拘泥于朝廷的意志，隐讳非常多。不过隋朝的官修史书也有自己的优势所在，那便是能够充分利用官府的丰富藏书，引用的资料比较翔实，还可以选择当时比较有学问的名吏作主笔和副主笔，保证了撰史的质量水平。而且官府修史还有强大的物力、财力做后盾，可以确保史书的工程规模且可以按时完成。在这个时期，牛弘撰有未完成的《周史》十八卷，荣建绪撰有《齐纪》三十卷，魏澹撰有

《魏史》十二纪、七十八传,加史论与例一卷、目录一卷,最后共计九十二卷,明克让撰有《古今帝王纪》一卷,柳辩撰有《晋王北伐记》十五卷,许亨撰有未完成的《梁史》,后来由他的儿子许善心续写成《梁史》七十卷,王劭撰《隋书》八十卷、编年体《齐志》二十卷、《齐书》纪传一百卷、《平贼记》三卷,这些史书卷本都被隋朝官府藏入藏书殿阁之中。

隋朝在目录学方面的编撰也卓有成就,那个时期由牛弘主持编撰了《开皇四年四部目录》四卷、《开皇八年四部目录》四卷以及《香厨四部目录》四卷,柳辩主持编撰有《隋大业正御书目录》九卷、《法书目录》六卷和《杂仪注目录》四卷,费长房主持编撰有《开皇三宝录》十五卷,王劭主持编撰有《开皇二十年书目》四卷,释彦琮主持编撰有《众径目录》五卷、《隋仁寿四年内典录》五卷、《林邑所得昆仑诸经目录》五卷和《后画录》一卷,释法经主持编撰有《大隋众经目录》七卷,陆元朗主持编撰有《经典释文引用书目》,姚士会主持编撰有《法书录》,释云琬主持编撰有《仁寿内典录》五卷,许善心仿阮孝绪《七录》主持编撰有《七林》。这些目录著作最后皆被隋朝官府所收藏。

隋朝对藏书事业的重视还体现于中央藏书机构的设置上面。隋朝主持政务的机构有五省(内史、门下、尚书、秘书、内侍)、二台(御史、都水)、十一寺(太常、光禄、卫尉、宗正、太仆、大理、鸿胪、司农、太府、国子、将作)、十二府(左右卫、左右武卫、左右武侯、左右领、左右监门、左右领军),其中秘书省是专门职掌图书典籍的机构。它与内史、门下、尚书、内侍诸省并列,而且当时秘书省官员的官阶有被普遍提高的现象,工作人员的编制更是被成倍地扩大,秘书监由正三品改为从二品,秘书少监由五品改为从四品,著作郎由从五品改为正五品,秘书郎由正七品改为从五品。

隋朝政府最初在秘书省的人员设置只有三十八人,后来逐渐扩充到一百二十人。

隋朝的私人藏书

隋朝统治的时间很短，从公元 581 统一全国算起，到公元 618 年被唐朝取代，仅仅存在了三十八年。虽然隋朝存在的历史短，但它结束了社会战乱动荡的局面，所以无论在经济、政治还是文化上面迅速地发展，出现了开皇盛世，藏书事业也展现出过去八百年来没有出现过的兴盛气象。

隋朝时期的藏书家们，在藏书上面也展现出从南北朝时期过渡到唐朝时期的鲜明特点。隋朝初期的藏书家，大多熟读六朝时期未被损毁的藏书，这些藏书虽然到隋朝时已经有很多散佚了，但藏书家们凭借惊人的记忆力，在自己的著作中不断引用和节抄，致使一部分珍贵的图书典籍仍然被保存流传下来。而隋朝末年的许多藏书家，随着唐朝建立，继续自己的藏书事业。他们大都历经了隋朝末年的兵荒马乱，有的藏书家的珍藏在避难途中散失，但他们同样为隋朝的藏书事业做出了贡献。

隋朝著名的藏书家有许善心、明克让、陆爽、柳巧、张据、孔绍安、尹崇等。

许善心，字务本，他的父亲曾在六朝时期的梁和陈两朝为官。

许善心自幼聪明好学，家中原藏旧书有万余卷之多，他几乎都翻阅浏览过，博览通读，使他成为当时的著名学者之一。开皇十七年，许善心被隋文帝任命为秘书监，负责掌管隋朝的官府藏书。许善心任秘书监一职时，隋朝的官府秘藏图籍很多还处在淆乱状态中，他便奏请朝廷追李文博、陆从典等学者十数人，正定经史错谬，对隋朝当时的官藏进行了第二次的整理工作。在整理官藏的过程中，许善心还仿制阮孝绪的《七录》编撰有《七林》一书，在《七林》中，他将隋朝当时的官藏图书典籍各为总叙，冠于篇首，又于部录之下，明作者之意，区分其类例焉。《七林》对中国古代后来目录学的发展起了一定的启示作用。

明克让，字弘道，出生于书香世家，祖父明僧绍和父亲明山宾都是治学教书之人，家中藏书丰厚。明克让受家风熏染，从小喜欢儒雅之气，勤奋好学，博涉书史，有万卷之多。隋朝时期，他晋爵为侯，被朝廷任命为太常，跟随牛弘等人一起修礼议乐、裁正当朝典故。明克让本人编著有《套孝经义疏》《心古今帝代记》以及《续名僧记》等书。

陆爽，字开明，从九岁起开始学习经书礼仪，每日诵读多达千言。他十七岁的时候便被北周朝廷召为主薄以及殿中侍御史。周武帝灭北齐之时，陆爽随军入关，当时许多将士都抢掠财物，唯有他载书数千卷归家。陆爽于开皇十一年的时候，病死于任上。他儿子陆法言也学有家风，继承了他的藏书事业。

柳巧，字顾言，出生于官宦人家，少年之时便聪敏解文，览书万卷之多。柳巧住在襄阳，这一带自西魏北周到隋朝，都未遭到兵火之灾，所以他家藏书得以保存下来。柳巧在隋朝之时被任命为秘书监，封汉南县公。他编撰有《史记音解》三十卷、《晋王北伐记》十五卷以及文集十卷等。

张据是典型的隋朝时期的藏书家,没有经历更朝换代。他在开皇年间被任命为渲水令,一生清正廉洁。张据藏书有数千卷之多,用来教训子侄,而他的子孙也都继承他的遗志,以明经自达。

孔绍安是陈朝吏部尚书孔奂的儿子。孔绍安的藏书为世代相传,父亲孔奂曾尽取梁朝藏书家刘显的藏书。刘显在梁朝时有学府之名,得有蔡凰的赠书,与王粟自比,可见藏书数量惊人。陈朝灭亡后,孔绍安入隋,徒居京兆打县,整日闭门读书,诵读古文集数有十万言之多。后来,孔绍安被隋朝政府任命为监察御史、内史舍人等职。他编修有《梁史》一书,可惜书未成而亡,传世文集有五卷。

尹崇是长安玄都观的道士,他所藏儒书就有万卷之多,若加上本门的道书,数量自是丰厚。尹崇的藏书一直保留到唐朝时期。据记载,唐朝的一行和尚曾向他借过书。

另外一位值得一提的藏书家是崔廓。崔廊,字士玄,是博陵安平人。他年少之时家里非常贫穷, 而母亲又不守妇道做贱事为生,所以他常被邻里取笑。崔廓受不了这种侮辱,便逃到深山之中,开始博览书籍聊以自慰。后来他博学贯通,出山后便被众多学者拜为师长。崔廓和赵郡的李士谦友善,时称崔、李。崔廓喜好藏书,但因经济原因,所藏数量不多,到隋朝末年均毁于战火之中。崔廓也有自己的论著,文义颇精,可惜由于他的身份地位,历史文献传载不多。

隋朝的寺院藏书

隋朝时期，中国古代的宗教事业发展繁盛，尤其是佛教，诸宗并起，名僧辈出，各大教派如大乘八宗、小乘二宗等已经形成。这一时期，寺庙林立，全国各地有寺院三千九百八十五所，僧尼二十三万。佛经的翻译与传播也出现空前的盛况，寺院的藏书事业自然也达到了前所未有的水平。

隋朝时期，寺院的译经、写经体系已经逐步完善，据《开元释教录》统计，隋朝所出经论及传录共达六十四部，三百零一卷。隋朝皇帝对宗教非常尊崇，开皇元年，“隋高祖普诏天下，任听出家，仍令计口出钱，营造经像”。“而京师及并州、相州、洛州等诸大都邑之处，并官写一切经，置于寺内；而又别写，藏于秘阁。天下之人，从风而靡，竞相景慕，民间佛经，多于六经数十百倍。”所以隋文帝时修治故经有三千八百五十部，隋炀帝时修治故经达六百一十二藏，二万九千一百七十二部，而且这种修治故经的风尚一直延续到唐朝。

开皇十七年(公元 597 年)，隋朝翻经学士费长房编撰的《历代三宝记》有七卷，其中两卷为《入藏目录》，即把应该入藏的经本编成一个目录。《入藏目录》所列入藏经本悉经智升目验考订，是西崇福寺寺藏经本，共有一千零七十六部，五千零四十八卷，四百八十帙。

隋朝时期，佛教发展非常迅速，佛教的图书典籍也得到流传与普及，京师要邑、深山古刹、皇宫内院以及百姓人家都在收藏佛教经典，可见，当时的经本印量之庞大。尤其是隋朝的当政者很重视经本的收藏，在皇宫中专门设立有经本收藏馆所。社会重视佛经，当时的各大寺院更是把收藏佛教典籍作为寺院中一项重要的工作来做。

隋朝最著名的寺院是位于大兴城靖善坊的大兴善寺。大兴善寺在隋朝初年时的地位已经很重要了，内中所藏佛教典籍数量众多。隋文帝开皇十四年(公元594年)下诏，命人在大兴善寺编撰一切经目录，编撰成《众经目录》，收录众经二千二百五十七部，五千三百一十卷。仁寿二年(公元602年)，大兴善寺开始第二次编制经目的工作。从这两次根据大兴善寺所藏经书编成的目录看，最后编撰成的《仁寿年内典录》没有编收目无本的胭本，实收录经书一千六百八十七部，四百三十一卷。这个数字还没有包括当时寺藏外来的梵夹经本。

隋朝时期，佛教藏书的经藏制度相对来讲已经比较完善。当时比较大的寺院都藏有佛教典籍，有的藏在楼阁内，有的藏在院堂内。当时寺院藏经的楼阁，一般都位于佛殿的旁侧，形成左钟右藏的布局。寺院还专设有管理这些经藏的主藏僧。当时庐山东林寺的藏书，就由主藏僧管理，而且管理制度非常严格，尤其是僧人义彤在东林寺做主藏僧期间，搜集经本，校阅卷轴，分类编目，整理上架，做了很多艰苦细致的工作。义彤在做分类编目的工作时，将注疏性质的经本与新译的经本立为别藏，并参照以前的旧录，编撰了东林寺经藏的目录。

隋朝时期，有的寺院为了保护收藏的佛教典籍，还采取秘藏的方式。秘藏的方式有两种，其中一种是在深山洞窟里往石头上凿刻佛经。其实石刻佛经的活动最早开始于6世纪的北齐，迄今留存的山东泰山经石峪的《金刚经》和河北武安北响堂山的《维摩诘经》，就是早期石刻佛经的代表作。到了隋朝，石刻佛经的规模开展得非常浩大。隋朝大业年间开始的房山云居寺的石刻佛经工程，历经千年，直到明朝时期才全部完成。另外一种秘藏的方式，是将经藉藏在佛阁密室之中。当时最为著名的就是敦煌石窟，石窟共有五百五十多个，内中藏有大量古代的图书典籍。

唐朝的藏书事业

唐朝的官府藏书

唐朝是中国古代封建社会经济文化非常发达的一个时期，当时的藏书事业也逐步走向繁盛。

唐朝官府藏书的来源之一是接收了隋朝藏于西都的官府藏书。李渊带兵攻入隋朝京师长安后，当时部队散乱，基本上没有秩序，兵士们四处烧杀抢掠，对藏书的破坏也不小，所以，李渊最后接收的隋朝西都的藏书不是很多。在攻入东都洛阳时，李渊吸取在西都时的教训，命令将士不得破坏当时藏于东都洛阳的图书、古字画和道、佛两教的经典，但是这批图书典籍在李世民装船运往长安时，船只不幸沉没，很多图籍最后都沉入江底。所以，唐朝实际上接管隋朝的官府藏书的数量很少。

唐朝非常重视本朝的藏书事业，在接受前朝藏书数量较少的情况之下，官府便开始了向民间征收图书典籍的工作。唐高宗武德五年，开展了一次由令狐德藻和魏征谏议的征收图书活动。唐太宗李世民在贞观初年，先后任命魏征、虞世南和颜师古等人为秘书监，展开从民间广泛征集图书典籍的活动，同时挑选五品以上官员中书写工整的人进行抄书活动，并且建立了专门的藏书阁楼来收藏图书典籍，还设置有专职人员对所藏的图书典籍进行善后管理。据统计，唐朝建立初期，经过大型的征书工作后，官府书库所藏之书共有八万九千六百六十卷，一万四千四百六十六部，分为经、史、子、集四部。而且那个时期的唐朝，不废隋朝的旧制，依然把洛阳作为东都使用，并按照长安中央机构的规制设置官员阶位，使得洛阳的政治地位和首都不相上下，当时那里所珍藏的官府图书典籍也非常多。

到了唐玄宗时代，官府在开元年间开始进行大规模的官府图书典籍的整理和修缮活动。唐玄宗在开元三年邀请右散骑常侍马怀素、褚无量等人侍宴，共同商讨当时内库图书典籍的藏书情况，大家一致认为，现有的官府藏书都是在唐太宗和唐高宗时期整理修缮出来的，好多的残缺之书还没有做修补完善的工作，致使当时所藏图书典籍篇卷混乱一片，检阅起来非常不方便。这次侍宴会议结束之后，唐朝便开展了官府图书典籍的搜集与整理工作。这次搜集与整理的工作虽然在长安筹划，却是在洛阳施行的。唐玄宗命人在洛阳的乾元殿内设置了专门的书库，开始大肆收集采购民间的奇珍异本，对收集来的善本重新进行誊抄，然后由一大批专职官员专门做校订勘验工作。褚无量担任乾元院使全权负责图书典籍的收藏整理工作，他的下面还设有四名刊定官，其中一人总领工作，设有押院使一人，领中官监守院门，掌出入宣奏，另设有八名知书官，分别管理四库图书，并设置四名专知御书典和一名孔目官。当时的乾元殿其实是武则天时期修建起来的一座明堂，建筑壮丽宏伟，唐玄宗当政后认为修建这座明堂有违祖制，遂改为官府图书典籍的修撰场所。

这次图书收集整理的工作是按照图书的分部来进行的，褚无量指挥武陟尉徐楚璧、江阳尉陆去泰、左监门率府胄曹参军王择从以及闻喜尉卢僎等人分头紧张而有序地展开工作。这个时期，崇文馆、昭文馆、司经局的秘书省的工作人员也在忙碌中，他们借善本进行抄写来补充官府的书库所藏。这项浩大的图书典籍的收集与整理工程于开元六年基本完成。全部图书典籍收集整理好后，唐玄宗亲自率领文武百官到乾元殿参观，并对参加官府图书整理工作的人员进行表彰嘉奖，赐予褚无量等人束帛等物。

唐玄宗在对皇家图书典籍进行整理的同时，也开展了对秘书省中所藏图书典籍修订与完善的工作。开元五年的冬天，唐玄宗应秘书省马怀素的奏请，任命左散骑常侍褚无量为之使，桑泉尉韦述和国子博士尹知章等人为刊正，在乾元殿的前面编撰修缮图书典籍。唐玄宗于第二年从洛阳返回长安之时，把秘书省所有图书编校人员以及校订过的图书典籍全部带回长安，乾元殿藏书阁也被更名为丽正修书院。开元十年，丽正修书院迁到太平公主的宅邸，且更名为集贤殿书院。集贤殿书院中藏有唐朝官府大部分的图书典籍，数量十分庞大。到开元十九年的时候，集贤殿书院的集库中藏有图书典籍一万七千九百六十卷，史库中藏有图书典籍二万六千八百二十卷，子库中藏有图书典籍二万一千五百四十八卷，经库中藏有图书典籍一万三千七百五十二卷，共八万九千卷。当然，唐朝时期的这些官府藏书既包括唐以前各朝代的图书典籍，也包括唐初校写和购买的图书以及唐朝作家自身的著作。

唐朝时期的官府藏书不仅数量庞大，而且质量同样令人叹为观止。当时东、西京所储藏的奇珍异本都采用益州的麻纸书写，总量达十二万五千九百六十卷，这个统计数量仅是秘书省和集贤殿书院的单复本之数。唐玄宗曾在天宝三年命人将当时的四库图书全部登记造册，统计的结果是集库藏有一万五千七百二十卷图书典籍，史库中藏有一万四千八百五十九卷图书典籍，子库中藏有一万六千二百八十七卷图书典籍，经库中藏有七千七百七十六卷图书典籍。从天宝三年到十四年这十多年间，集贤殿书院总共续写一万六千八百四十三卷图书典籍，加上天宝三年的四库之书和当时四库所收藏的单本图书，总计有五万四千六百四十二卷的图书典籍。而实际情况是，唐朝当时的官府藏书在保证正本的同时也都备有副本，这些副本的数量还没有被算在里面。

唐朝的官府藏书是按照甲、乙、丙、丁次序分藏于经、史、子、集四个书库中的，设有专门的官员进行具体的藏书管理工作。这些图书典籍不仅注重实用，还在装帧方面追求美观好看，用不同颜色的轴带帙签进行区分，其中集库中的图书典籍用绿牙轴，朱带，白牙签；经库中的图书典籍用钿白牙轴，黄带，红牙签；子库中的图书典籍用雕紫檀轴，紫带，碧牙签；史库中的图书典籍用钿青牙轴，缥带，绿牙签。

唐朝的官府藏书在唐玄宗当政时代走到鼎盛状态，但随后而来的安史之乱使这批皇家藏书遭到灭顶之灾，大部分图书典籍在战乱中被烧毁，散失不见。

唐朝的馆职人员

唐朝时期，官府藏书机构庞大，朝廷便给藏书部门派备了许多官员，而且这个时期的官府藏书机构中管理官员的身份，不仅仅局限于图书典籍的收藏与管理，他们也是那个时候主流思想的缔造者和文化审美的领军人物，他们参政、议政，举荐人才，同时还奉召制文，进行繁荣文学的创作活动。唐朝初期的诤臣魏征担任过秘书监一职，后来虽然升迁到三公高位，但仍以司徒的身份兼管秘书事务，掌管国史的编修工作。

唐朝时期，官府藏书机构中的任职官员入职渠道比较正规，他们多是通过科举考试入职的。这些知识分子不但文笔好、成绩好，而且多是被人举荐后才能进入官府藏书机构中工作。当然他们也有很大的权利，有权举荐别人。李白当年去紫极宫的路途上遇到时任秘书监的贺知章，拜见之时将自己的诗文之作顺便进献上去，贺知章看过后非常赞赏，便向唐玄宗举荐了李白，李白由此才有机会被任职为供奉翰林。

唐朝时期，这些原本以管理典籍、修书修史为职责的藏书机构中的官员，利用职权之便可以很轻易地接近当权人物，从而拥有当时非普通官员拥有的一些特权。

官府藏书机构中任职的官员有一部分是当朝的皇家贵戚，唐太宗本人在做太子时就曾在官府藏书机构中工作过。他曾召集有才之士收集、编纂图书典籍，把自己的治国思想通过官府修书的形式进行固化和推广，并将此传承下来。唐太宗的儿子魏王李泰也曾任职于当时的官府藏书机构中，还修纂过《括地志》等书，借此机会招揽人才。

官府藏书机构中任职的官员有一部分出自寒门，他们通过科举考试取得弘文馆学士的身份而进入权力中枢，最终任职于官府藏书机构。贺知章出身低微，便是从状元郎一步一步升到银青光禄大夫兼正授秘书监，相当于现今国家图书馆的馆长。

在官府藏书机构中任职的官员，一般来讲儒学修养都很高，而且他们利用职权之便，可以读到大量的奇珍异本，所以他们腹有诗书，创作有大量的文学作品流传后世。

这个时期，在官府机构任职的官员不仅掌管官府的图书典籍，还兼任太子或其他皇亲国戚子弟的老师，培养这些子弟日后的执政能力。

总之，唐朝时期的图书典籍管理官员的职位在当时属于清贵之职，重要程度非凡。

唐朝的私人藏书

中国古代的封建社会在唐朝时，走到了最繁华兴盛的时期。经济上的富足，雕版印刷术的改进与发展，使图书被大量刊行，私人藏书事业便以稳定的姿态向前发展。唐朝的私人藏书主要分布在长安、洛阳等政治、经济与文化的中心。

唐朝统治的三百年多年间，比较著名的藏书家就出现了六十多位。不过，这个时期的藏书家还是以达官显贵居多，唐宗亲有五位，身居宰相要职的有十位，各部尚书加上诸州刺史也有几十位。其余的藏书家也是当时极为有名的儒学大师，著名的史学家有颜师古、李延寿、吴兢、元行冲和韦述等，著名的文学家有白居易、柳宗元、杜牧和司空图等。当然，当时还有许多藏书家是世家出身，李元嘉、李韦、景骏、韦述、段文昌和段成式等，他们都是父子相传的藏书家。李承依、李泌和李繁则是祖孙三代相传的藏书家，李庸、李木式、李石奚和李沈相更是继四代相传的藏书家。张嘉贞、张延赏、张弘靖、张文观和张彦远是三世宰相、五世藏书的藏书家。孙长孺更是当时无人能及的藏书家，孙家一直承传藏书到五世孙孙降衷和六世孙卞，直到宋朝还在相传。

唐朝藏书家的人数不但多,而且所收藏图书典籍的数量也相当可观,当时家藏在万卷以上的有名的藏书家就有三十多位。吴兢家藏有一万三千多卷,外孙蒋义因读其藏书而以博通群籍闻名,后来蒋义自己收集的藏书也有一万五千多卷,好学不倦,老而弥坚。吴兢的藏书皆手校定,黄墨精谨,当时的官府藏书都难以比及。蒋晓家藏有一万五千多卷,苏弁和李承依家各藏有两万多卷,李泌家藏书则达到了三万多卷。李袭誉则是用俸禄余资写书数车来收藏的。魏征家藏书很多,他当时任职秘书监,不但自己藏书,也倡议别人购买天下之书来收藏,他购选的藏书都会亲手缮写。李元嘉家藏书有万卷之多,他不但喜欢聚书,而且也爱好采集碑文与古迹等,所以他多藏有珍奇异本之书。邓王李元裕家藏书有十二车之多。李冲家藏书也很多,而且所藏之书连当时官府藏书都难以比及。元行冲家有丰富的藏书,而且他只要出门,常有数车书随着出行。韦述家藏书有两万卷之多,他爱书爱到只要一入书斋读书,必定会达到忘寝废食之境。韦景骏家藏书有两千卷多。李范喜欢收藏书画名迹,所以他家所藏皆为世之珍者。颜师古家多藏古图画、器物和书帖。柳宗元家不仅有自己收集的藏书,朝廷还赐予了他三千卷图书典籍。杜暹、萧颖士、柳仲郢等人的藏书也有近万卷之多。

唐朝藏书家收藏图书典籍有如下特点。其一,藏书家们在图书典籍的装潢上面下足了功夫。李泌为自己的藏书特别制作有色分类标签,经书用红牙签,史书用绿牙签,子书用青牙签,文集用白牙签。其二,藏书家们为自己的藏书皆备有复本。柳仲郢家藏书中,经、史、子、集都各备有三本,一本用纸裹签束华丽者镇库,一本次者长行披宽,一本次者后生子弟为业。其三,藏书家们为自己的藏书建有专门的藏书处所。李泌曾构筑有藏书楼,三万多卷的藏书被整齐地安置在其中。田弘正于府舍之中也起有藏书楼,里面积聚有万余卷藏书。李沈在江夏构筑有藏书楼,藏有万余卷的图书典籍。徐寅在莆田也修建有藏书楼,藏有万卷图书典籍。白居易还为他的藏书处所起了名,称为池北书库,据历史记载,白居易也是第一位为自己的藏书楼命名的私藏家。其四,藏书家们为自己的藏书编撰有目录。吴兢编撰有《西斋书目》一卷,他也是中国古代藏书史上第一位为藏书书目起具体名称的藏书家;杜信编有东斋籍二十卷;蒋晓编著有新集书目一卷,等等。其五,藏书家们为自己的藏书盖有私家藏书印章。私家藏书印章始于唐朝,张彦远在《历代名画记》中记述,他的高祖张嘉贞就有藏书印章,名为河东张氏;曾祖张延赏也有藏书印章,名为乌石侯瑞;李泌隐居在衡岳之时,他有藏书室名为端居室,他有端居室白文玉印一枚。而罗福颐在《古玺印考略》中记载,敦煌石室中所藏的唐人写本《大般若波罗蜜经》上钤有报恩寺藏经印。其六,藏书家们对自己的藏书看守极严,属禁秘之私,不借阅于他人,期待日后献上珍奇秘本求得一官半职。唐文宗时的王涯得前世名书画,在家里凿垣纳之,重复秘固,谁都别想看到。王涯家藏书很多,堪与官府藏书媲美,但都秘藏起来,别人不可得见。杨浑之家秘藏书画,后来献给文昌王,希冀能求致进士及第。唐玄宗时期的杜暹在家藏图书,"跋尾皆自题诗以诫子孙曰:'请俸买来手自校,子孙读之知圣教,鬻及借人为不孝。'"由此可知,唐朝的藏书家们藏书的秘禁之风有多么严重。

唐朝的寺院藏书

唐朝的统治者对宗教非常重视,唐太宗当政之时,著名僧人玄奘受命到天竺取经学法,历经几年艰难的行程,最后他从天竺带回来许多的佛家经典著作。唐太宗非常重视,亲自调遣僧人在长安翻译这些珍贵的经典。前后用时二十多年,译出佛经七十五部。随后唐太宗又组织专人,将历代译经和唐代译经扩编为一千三百三十五卷,总称为一切经,作为当时佛教典籍的标准本,全国各个佛寺若想藏经,必须依据一切经为蓝本进行抄写入藏,不得收藏其他不规范的佛教著作。

唐朝还组织人员为佛教经典编撰佛经目录。唐玄宗当政之时,任命智升为总主持,负责编撰了《开元释教录》的佛教经典目录书,这部书的质量很高,清晰地反映出盛唐时期各地佛寺藏经的内容。

唐朝对佛教事业的重视与扶持,使得寺院的藏书事业得到一个良好的发展机遇,这个时期,有的比较大的佛寺藏书可达数千卷之多,甚至有的达到上万卷。当时,庐山的东林寺和长安的西明寺所藏佛教经典都在万卷之上。

唐朝是中国古代寺院藏书走向兴盛的时期。唐朝从各个方面对宗教给予了支持，使得这个时期全国各地的寺院林立，名僧辈出。大量修建的佛寺也促使当时寺院的藏书随之向前发展，藏书的数量和品种与前朝相比都上到一个新的高度，所以后来明朝的胡庆麟评价说："凡释氏之书，始于汉，盛于梁，极于隋唐。"当时，天台山国清寺的藏书可以称为蔚为大观之状。国清寺是一座古寺，由僧人慧思于陈太建七年（公元 575 年）初组织人力修建。慧思的弟子即是隋朝时期的智者大师，讳智顗，字德安，他其实是天台宗的创始人，他在隋朝时期受到朝廷极大的敬重，晋王杨广于开皇十八年（公元 598 年）还遵照智者大师的遗愿，重新翻修了国清寺，当时就赐予该寺佛经一藏，并嘱托时任秘书监的柳顾言编制出《天台国清寺智者禅师碑》一部。那个时候，国清寺中已经收藏有不少经书，其中有智者大师自己亲刻的经书。唐朝当政者对国清寺仍然十分看重，从各方面进行扶持，使该寺成为当时著名的藏经富有的寺院。据《宋高僧传》卷六与《佛祖统经》卷七中记载，天台宗的第九祖湛然于开元十八年（公元 730 年）投靠左溪的玄朗之门，住在天台山的国清寺。湛然是位经藏大师，他利用国清寺中的藏书，注释有《法华玄义释签》二十卷，《法华文句记》三十卷和《摩诃止观辅行》四十卷，这些经书都被收藏于该寺。由此也可知，当时的国清寺已经收藏有大量的经书典籍。后来玄朗死了，湛然便"师挈密藏独运东南"。而且国清寺是东南地区佛经流传至日本最多的寺院之一。大约在唐德宗贞元二十一年间（公元 805 年），日本僧人最澄来天台山求法，受菩萨戒，唐贞元十九年（公元 803 年），最澄跟随遣唐使从难波乘船出海，到达台州龙兴寺，拜见天台山修禅寺座主道邃，得到天台宗教法和《摩诃止观》等书的抄本。后来最澄又到佛陇寺，跟随刑满接受佛法,得到天台所藏教籍八十二卷。最澄又在贞元二十一年(公元805)离开台州到达越州,跟随龙兴寺沙门顺晓受密教灌顶,获得龙兴寺所藏金刚界和胎藏界两部,以及曼荼罗、经法等其他经籍。最后,最澄搭遣唐使船回日本时,随船带有各种经籍二百三十部四百六十卷,其中就有天台宗九祖湛然的著作十九部,八十四卷。后来圆仁、圆珍等也都在国清寺等各地寺院求得经书回归日本。智征大师圆珍,他立志到当时的唐朝求法,曾到天台国清寺抄录过经书,在这里,圆珍抄得经籍三百卷左右。圆珍于大中十年(公元856年)五月,到越州开元寺,再次谒见当时的良谞和尚,得该寺藏书七十余卷。

唐朝时期,佛教译经活动频繁,据统计,这个时期所译出经本,加上中土僧人的撰述,佛教译经已达五六千卷。另外,唐朝时期写经的活动规模也很大,当时的官府还建立有专门的佛教藏书机构,使寺院经藏的藏书量大增。佛教典籍藏书的处所更是随处可见,遍布于都邑山乡,而且经藏的藏书制度也在这个时期趋向完善和成熟。当时比较大的寺院都设有藏书处所,这些藏书处所多位于佛殿旁侧,形成左钟右藏的格局。当时寺院中的藏书处所已经专门设有一名主藏僧,启闭有时,出纳有籍。这些寺院藏书处所里的藏书一般都排架有序,存放有次,一帙平均十卷左右,而且帙上都标有排架顺序号。

唐朝时期,著名的佛教藏书处都是寺院的藏书处所。唐朝初期的京师长安西明寺,藏有经籍三千三百余卷,唐朝中期庐东林寺,有藏书一万卷。值得一提的是,唐朝时期的佛窟寺石经的收藏更是伟大创举。当时的白带山佛窟洞藏石经就是其中的代表之一。

唐朝时期的一些大寺还利用藏书从事教育活动,不但培养本国僧人,还使外国留学僧得到学业上的进修与提高。而且这个时期的佛教藏书的自身整理水平已经很高了，大量佛经目录的产生就是藏书整理的结果。

唐朝时期的佛经目录有许多创新之举,为后世版本学、目录学的发展与成熟做出了重要的贡献。

五代十国的藏书事业

五代十国的官府藏书

中国历史上给五代十国所指定的时期是从朱温废唐之后算起到宋朝建立初期结束。从公元 907 年到公元 979 年,朱温和唐朝断断续续打了七十多年的仗,最后终于结束了唐朝的统治,建立了后梁王朝,中国历史由此进入五代十国时期。这一时期的政治特点是分散混乱,不过这种形式也在一定程度上促进了我国各民族之间的文化交流,所以无论是对中国历史文化的研究,还是专对藏书事业的研究,都不能回避这段时期内它所做出的贡献和具有的价值。

五代十国的社会局面几乎一直处在动荡之中,老百姓遭了罪,各个政权的统治者也如惊弓之鸟,不敢掉以轻心,他们都梦想着积攒自身实力来吞并其他政权的领土,强大自己,这样就不用再担心自己的地盘受到其他政权的侵扰。这些统治者在进行大规模军事扩张的同时,也都抓紧时间进行文化事业的建设、藏书事业的发展。因为在中国古代的历史上,图书典籍的收藏数量与质量也是衡量一个国家、一个朝代政治文化经济发展的重要指标,所以五代十国的皇帝们,也像前朝的皇帝们那样,一解决了社会的温饱问题,很快就转到对自己国土内的图书文献进行整理和编辑的工作。但是五代十国时期由于特殊的历史环境因素,太多书籍在战乱中遭了殃,烧毁的、遗失的数量巨大,所以政治环境稍稍平稳之后,朝廷便开始十分认真、积极地对各种文献典籍进行收集和修补。

在五代十国时期,朝廷出面所做的图书收藏活动成为这个时代的主流。在这样特殊的一个历史时期里,统治者们仍然设立了专门负责图书收藏的机构,最高级别的藏书机构是国子监,相当于我们现在的国家文化部。国子监在当时和太学的地位不相上下,是封建社会的教育机构。追根溯源,这个很高级的官方教育机构在晋武帝时期首创,开始并不叫国子监,而叫国子寺,直到后来的隋炀帝时期才正式更名为国子监,后来的朝代没有更改,一直延续此名。国子监的主要任务是掌管执行重要图书典籍的印刻权力,五代十国时期的当政者们对藏书的态度非常认真,通常都选用技术最好的字模雕刻的工人,力求做到精益求精。图书典籍刻印的整个过程都要求十分精细。官府要求国子监的全部工作人员首先要对各图书献典籍的原始版本进行详细地阅读和校订,为了保障印刻工作的准确无误,官府通常还会在校订的后期增派更为资深的学者进行最后的审查,这些后期派去的学者多是国内的学术权威,他们对印刻工作的最后阶段把控严格,对刻印文稿要做到更加细致地校核和把关。有时为了使印刻的图书质量更高,外形更加美观,国子监还会让书法最好的学者亲自进行撰写,字体往往采用楷书,一是为了标准统一,二是为了好辨认。国子监还有国家教育部的职责,负责教材的编制和刻印,并有针对性地进行出版发行。国子监的统一印刻制度被后人一直当典范沿用。

五代十国的私人藏书

五代十国存在的五十年的交替过程中，社会处于国家分裂、军阀割据、政权纷争的混乱状态中，但它在中国古代藏书事业发展史上却也是一个值得研讨与书写的时代。因为这个时代是由手抄传写转入雕版印刷的过渡时代。中国的雕版印刷术萌芽于唐朝，当时寺院用这种印刷术刻印了一些佛经书册，真正到五代时期，人们才开始使用雕版印刷术印制儒家经典等图书典籍，自然为私家藏书事业开辟了一条崭新的聚书途径，把中国古代的藏书事业推向了一个新的发展纪元。

五代十国期间，比较著名的藏书家有四十多名，短短的五十多年间出现这么多位藏书家也可看出当时的藏书热潮之盛。五代十国的藏书家的身份以中小官吏为最多。当时国家处于分裂割据状态，所以藏书家们也散见于南北各地。当时，青州的藏书家有王师范、石昂、何鲁在；蜀地的藏书家有毋昭裔、王锴；开封的藏书家有丁岂页、张明远；荆南的藏书家有孙光宪、赵匡凝；杭州的藏书家有诸钱氏、暨齐物；江州的藏书家有郑元素、陈兖在。这与之前朝代的藏书家多集中于京师都城一带的局面大为不同。

五代十国藏书家的藏书来源有三个，传统抄写、帝王赏赐与自己采购。雕版印刷术在当时被大量使用，使得书籍逐渐变为商品开始进入市场流通，为藏书家们购置图书提供了极大的方便。后唐的王都家里很有钱，他到书市采购书籍是见者即买，不问贵贱，没有多久聚书便至三万多卷。王惠范则是喜爱购求古书图画，以拿回家把玩批阅为乐。当时还有的藏书家不仅收藏图书，同时也参与书籍的雕版印刷之事，毋昭裔、冯道、和凝和田敏等藏书家是其代表。和凝家藏有的几百卷书都是他亲自篆刻雕版印刷的，每次模印数百帙，自己收藏也分惠于人。和凝由此成为中国古代历史上私人文集自写自印的创始人。

中国古代私家藏书设专人管理有文献明确记载的历史也是从五代十国时期开始的。杨彦询从年少之时起便跟着青州的王师范一起做事，王师范是个好学之人，家中藏书有万卷之多，自己无暇管理，便请杨彦询帮他收藏整理这些图书典籍。

中国古代历史上私人藏书被主动焚毁的事件也是始于五代十国时期。后唐的王都家有藏书三万卷之多，天成四年(公元 929 年)之时，王都与叛军巷战而败后，骑马奔回自己的府第，纵火焚之，不但藏书被悉数烧毁，就连妻孥也被焚于其中，一个败将当时的绝望心境活灵活现于我们面前。虽然这是中国古代藏书事业的厄运，但由此也可看出当时的人们对图书典籍的重视程度，他们宁可玉碎也不与瓦全。

五代十国的书院藏书

这个时期兵荒马乱，军阀分裂割据，百姓饱受离乱之苦，但是这个时代的知识分子仍然很坚强，没有泯没沉沦，他们或读书林下以养性潜修，或结庐山中以藏书聚徒，或出仕经世以维礼义风俗于干戈之中，承担起了救斯文于不坠的社会责任。在这些与图书事业有关的活动中，从唐代旧书院新生出来的书院活动成为这个时代一道亮丽的风景线。钱穆先生在《五代时之书院》里赞美道："它是黑暗中的一线光明，潜德幽光，必大兴于后世。"

五代十国时期的书院基本上继承了唐王朝时期的所有规章制度，仍然循着官府和民间两条路径向前发展。官府依然设有书院，派有学士诸职，职责仍然是掌管刊印各种文献典籍，辨明邦国大典。但那时候政权更替过于频繁，战争连年不断，实质性的工作恐怕难以真正得以开展。与官府书院形成不同风格的是，这个时期民间书院发展的情况清晰明了，历史记载翔实。据文献资料记载统计，在半个多世纪的风雨飘摇中，民间书院共有十三所，其中新建的有十二所，翻修唐王朝遗留书院一所。就这个时期书院的地域分布情况看，往北探到幽燕地区，向南通达珠江流域，主要集中在今天的江西、福建、广东、河南、北京地区，没有超越出唐朝时期的书院分布范围。

五代十国时期的主要书院有如下几个。

窦氏书院，坐落在今天的北京昌平区，是后周(公元951-960年)谏议大夫窦禹钧修建的。窦禹钧，范阳(今河北涿州市)人，唐末时期任官幽州掾。唐灭亡后，在随后几个更迭的朝代中都做着官，后周时期官职是太常太卿，谏议大夫。这个人的情商很高，人缘很好，没有因为朝廷的更新换代受到牵连。史书评价他精于词学，义行高笃，尤其在家法方面成为那个时代的表率。

窦禹钧修建的窦氏书院有四十间房屋，里面收藏各种图书典籍达到数千卷，窦禹钧本人比较崇拜孔子，其中儒家学说的收藏占了很大比例，而且还具有尊师重教的美德。窦禹钧这个人善心很重，很多缺钱的知识分子上门来求借书时，他不管认识不认识都给借，至于能不能把书归还回来他也不操心。据说，很多贤明之士就是赖于他的这个借书善心有书可读，最后一举成名。而且窦禹钧自己的五个儿子也很了不得，都有博闻强记的本领，相继考中状元郎，时称“燕山窦氏五龙”。窥一斑见全豹，当时的窦氏书院规模应该不小，藏书还算丰富，经费相对充足，礼延师儒，窦氏子弟及远近志学之士皆得研习、肄业其中，是一所藏书、讲学规制完备的书院。窦氏书院在利人利己之中显示出其骄人的成就，真所谓“潜德幽光”，挽斯文于不坠者，诚有征耶！

太乙书院，在河南登封市太室山麓，于后周世宗显德二年(公元955年)创建。地处中岳嵩山，阴阳风雨汇为钟灵毓秀，风景极佳，自汉代以来，天子车辙马迹不绝于途，老子神坛仙气飘漫其间，人文景观繁多。书院基址在汉代为万岁观，隋炀帝时改名嵩阳观，唐高宗时改名太乙观，并派隐士刘道合主持其事。后唐清泰元年(公元 934 年)起,进士庞士曾在此聚徒讲学三年之久。其后,避乱之士聚处山中,至后周时,在其中创建书院,以为修身养性之所。到宋代,道观改名崇福宫,书院则先后改名为太室、嵩阳,盛极一时,终于名列天下四大书院之中,成为书院发展史上的典范。

龙门书院,位于河南洛阳的龙门,始建于唐朝。龙门书院与当时东都皇家的丽正、集贤书院不同,它是一处为志学之士提供就学机会,以培养人才为主要目的的教育机构。到了五代十国时期,这种特点更为鲜明。后唐的著名学士张谊,年轻时勤奋好学,却不事产业。他的亲父死后,叔伯希望他能自立家业,叫他到田地督促佃农耕种,他却根本不管佃民是不是在好好干活,自己坐在树下只管休闲读书。叔伯们怒其不亲穑事,诟辱之。张谊根本不在意,对他的兄长说:“若不就学于外,奉志无成矣。”最后他到洛阳的龙门书院潜心就学,利用龙门书院当时丰富的藏书充实自己,与宗人沆、鎏、结交为朋友,一同研讨学问,一时名闻都下。后唐明宗长兴年间,张谊参加科举考试,一举夺得进士桂冠。也使龙门书院由此在当时名扬天下,前来就学之人络绎不绝,书院的藏书事业由此也大兴。

留张书院,又名留张道院,位于高安县北六十里处(今属江西宜丰县),是后梁的张玉创建的。张玉,字云仙,唐朝天复二年(公元 902 年)中科举进士,于天元年(公元 904 年)被任命为九江的观察使。唐朝灭亡后,他遂隐居不仕,遁入山中构筑了留张书院,传道讲学。留张书院是五代十国时期创建最早的一所书院,内中藏书丰富。

匡山书院,位于吉州泰和县东匡山下,是里人罗韬于后唐长兴年间(公元 930—933 年)所建的一处讲学之所。罗韬,字洞晦,一字晦夫。他叹于唐末五代的乱世，遂清修不仕。后唐的明宗对罗韬十分钦佩，以文学征拜为端明殿学士，但罗韬不久便称病辞官归家，创建匡山书院，以教授课业为乐。皇帝李嗣源对罗韬创建匡山书院的行为大加赞赏，亲自为他颁赐院额，还发布敕书来表彰。李嗣源发布敕书："朕惟三代盛时，教化每由于学校；六经散后，斯文尤托于士儒。故凡闾巷之书声，实振国家之治体。前端明殿学士罗韬，积学渊源，莅官清谨，纳诲防几之鉴，允协朕心；赏廉革蠹之箴，顾存扆席。寻因养病，遂尔还乡。后学云从，馆起匡山之下；民风日益，俗成东鲁之区。朕既喜闻，可无嘉励，兹敕翰林学士赵凤大书'匡山书院'四字为匾额。俾从游之士乐有赡依，而风教之裨未必无小补焉！"这也是历史上第一个由皇帝发布的表彰书院的文告。皇帝李嗣源的表彰文告，标志着中国古代历史上官府正式承认民间书院，书院及其藏书事业从此具有了合法性。匡山书院的影响非常深远，到宋明之时，书院的藏书仍在不断累加。

梧桐书院，位于洪州奉新县(今属江西)北六十里的罗坊镇，由南唐时期的罗靖、罗简兄弟创建。书院风景秀美，依梧桐山嵯峨而特秀，又有冯水环抱而映带，成为修身养性的佳地。罗靖、罗简兄弟以圣贤性理之学教授生徒，而且为书院聚书众多，以致兴盛一时，连当时南唐的国相和郡守等达官贵人都以来梧桐书院游历为荣。后人赞誉梧桐书院："栖碧梧兮朝阳，若有人兮霞裙月裳。冯水驶兮泱泱，若有人兮溯风而杭。蕙有馥兮兰芳，奠桂酒兮椒浆。企潜兮心莫忘，凯云驭兮徜徉。惠我后人兮世昌，山水无穷兮先生不亡！"

华林书院，位于离洪州奉新县(今属江西)城地五十里的华林山元秀峰下，始创于南唐保大四年(公元 946 年)之前。华林书院内筑室有百余间，藏书万卷之多。因而出其门者为相为卿者众多，在当时颇为兴盛。

东佳书院，又名东佳书堂、义门书院，由唐朝江州陈氏家族所建，到五代吴国年间(公元 902—937 年)之时，仍然在聚书讲学，当时江南许多名士皆肄业于东佳书院，可见当时其实力之雄厚。到南唐时期，东佳书院仍是江右士人心向往之的著名学府，弦歌不绝。当时的后主李煜于开宝二年十一月初九日(公元 969 年 12 月 20 日)，应陈氏家人陈恭及肄业生章谷之请，撰写了《陈氏书堂记》，以纪其绵延办学、聚书育人之盛。东佳书院内中设有书楼堂庑数十间，聚书达数千卷之多，并以二十顷租田作为书院的游学之资。东佳书院以其丰富的藏书培养出了众多著名学者。

五代十国的寺院藏书

到五代十国时期，寺院藏书事业仍然在向前发展。越是纷乱世道，宗教越是易于流行。五代十国时期，佛、道两教受到上至统治者下至民间的尊崇。当时的名僧阿阇梨被赐号“宏梵大师”，亳州太清宫的道士张荐明则被赐号“通元先生”。后晋高祖还命张荐明雕刻了道德二经的印版，命当时的学士和凝别撰新序冠于卷首，而后印制颁行天下。

五代十国时期，道观藏书富有，吴越的道士暨齐物构垂象楼，积道书数千卷，日以著述为事。后晋郸州的道士梁文矩也在道观之中聚道书有数千卷之多。还有杜天师在蜀地道观之中集聚道经三千卷，另外还藏有儒书八千卷之多。

五代十国时期，佛教寺院之中也有藏书，当时民间和佛教徒抄藏、刻藏佛经之风仍在盛行，后来的敦煌遗书中就以唐及五代的佛经为最多。

元朝的藏书事业

元朝的官府藏书

公元 1279 年，元世祖忽必烈，消灭南宋，结束了自唐安史之乱以后四百多年来所未曾有过的大统一。元朝的疆域版图在中国古代的历史上是最大的，政治的统一带来民族的大融合，文化的发展必然也会出现新的特点。所以元朝作为一个特殊而短暂的历史时期出现在中国古代的历史中，元朝的官府藏书自然也呈现出与其他朝代所不同的特征。

元朝的统治者原是中国古代的北部高原崛起的游牧民族，以游牧为生，成吉思汗建立政权后，曾经有一部分蒙古贵族给成吉思汗进荐，希望成吉思汗把中原也能辟为牧地，继续过他们喜欢的游牧生活。但是大臣耶律楚材深谋远虑，他对汉地文化深有研究，建议成吉思汗父子应该以儒学思想来治国，以巩固元朝的统治。耶律楚材(公元 1190—1244 年)，字晋卿，号湛然居士。他本是契丹人，是中国古代金元时期著名的政治家，为元朝的统一立下了汗马功劳。耶律楚材对汉族的文化一直很推崇，认为“制器者必用良工，守成者必用儒臣，儒臣之事业，非积数十年，殆未易成也”。由此积极辅佐蒙古贵族推行汉法，当成吉思汗的军队攻下金国的首都南京(今北京)后不久,耶律楚材便奏请成吉思汗在燕京设置编修所,而把经籍所设置在金朝原来刻书的中心平阳。元朝官府的藏书事业也由此开始。

元朝掌管图书典籍的机构称为兴文署,另外还设有艺文监和广成局。其中艺文监中设有艺林库,用于收藏图书典籍,而广成局则是掌管传刻经籍以及印造之事的。而元朝太医院下属的医学提举司专用于负责校勘名医撰述的文字。另外一个重要的藏书机构是秘书监。钱大昕在《补元史艺文志》云:"元起朔漠,未遑文事,太宗八年,始用耶律楚材言,立经籍所于平阳,编集经史。世祖至元四年,徙置京师,改名弘文院。九年置秘书监,掌历代图籍,并阴阳禁书。"秘书监属元朝的秩正三品,设有卿、太监、少监、监丞、典簿、令史、知印、奏差、译史、通事、典书与典吏等。下属官员主要有著作郎、著作佐郎、秘书郎、校书郎与辨验书画直长等。秘书监设置于至元九年(公元 1272 年),主要职能是掌管历朝历代的图书典籍以及当朝的禁书,是元朝掌管图书收藏的主要机构。这些藏书机构的设立为元朝开展藏书工作奠定了基础。

元朝军队于至元十三年(公元 1276 年)一举攻下南宋的都城临安,宋恭帝被逼无奈投降,宋王朝至此消失。元军在攻下临安后,大将伯颜派人将南宋旧宫中的图书典籍以及秘书省的藏书全部没收。元朝在一大批汉臣的极力劝阻下,没有对临安进行烧杀抢掠,所以南宋原有的图书典籍得以完好保存,当时这批藏书数量非常大。南宋于淳熙五年(公元 1178 年)编撰了《中兴馆阁书目》,总计存书四万四千余卷,比《崇文总目》所载还多出了一万二千余卷,而于嘉定十三年(公元 1220 年)编撰的《续中兴馆阁书目》统计,存书又比原来多出一万四千余卷,南宋秘书省的藏书已达到六万多卷。这些图书典籍一本不剩地被元朝收归己有。

随后元朝又派人收缴了临安国子监、国史院、学士院和太常寺的图书、祭器、乐器等,图书典籍总计五千多册。元朝官员卢挚将这批收缴所得的图书典籍全部转运回元朝当时的都城大都,由行文署负责收藏整理。

在元朝官府的藏书事业发展过程中,有一个人物起到了至关重要的作用,那就是许衡。许衡(公元 1209—1281 年),字仲平,号鲁斋,祖籍河内李封。他是元朝时期著名的思想家、教育家、政治家和天文学家。许衡很尊敬孔子,认为元朝的统治不能再像以前那样马上刀下,也应该推行仁政。当时的皇帝忽必烈很欣赏许衡的才华,为了能得到许衡的辅佐,忽必烈曾经十次召他为官。许衡的学术思想和社会实践活动自然对元朝的政治、经济和文化教育等都产生了重要的影响。元朝收缴了南宋官府原有的藏书后,许衡还建议忽必烈把杭州以及其他南宋原有主要大城市的官府藏书与书版也都收集过来。忽必烈采纳了许衡的建议,派遣元军开始对南宋地方官府的藏书进行大肆搜求。其中所收集到的书版自然对元朝出版业的发展起到了极大的促进作用。

元朝安定统一后,于至正三年(公元 1343 年),忽必烈下诏修撰宋辽金史,但因当时官府史馆的藏书资料不全,元朝便发动了从民间购求遗书的政令,而且官府对民间献书者的奖赏很丰厚,凡献书者都授予官职。因为当时江南之地的书业发达,元朝便把征书重点放在江南地区。湖南的宪使卢挚响应朝廷号召,大肆收集江南诸郡的四库善本书籍,而后全部运回元大都,藏入兴文署内。危素于武宗十一年完成的《史馆购书目录序》中记载:“至正三年诏修辽金宋史,遣使旁午购求遗书,而书之送官者甚少。素以庸陋,备数史馆,中书复命往河南、江浙、江西……于是藏书之家稍以书来献,驿送史馆,既采择其要者,书诸策矣。暇日因发故椟，其目藏焉。期间宋东都盛时所写之书，世无他本，今亦有之。”这次元朝的征书活动中，光危素一个人就在松江收买了庄肃家的藏书五百多卷。当时庄肃家藏有万卷之多的图书典籍，而且手抄书很多，收藏种类繁多，经史子集、山经地志、医卜方技、稗官野史和小说家言应有尽有，并以私目分甲、乙凡十门。元顺帝还委派司书官到东南地区搜求私藏图书，仅用四五年时间便收得遗书三十多万卷。

随后元朝令秘书监编撰《元秘书监志》，对元朝官府藏书的目录做了整理统计。《元秘书监志》按照秘书库上的书目排架编成目录，分为在库书、送库书、发下书与读发下书等类别。

忽必烈采纳谋臣的建议，于太宗八年(公元 1236 年) 在燕京设立编修所，在平阳设立经籍所，随后，编修所和经籍所后合并为弘文院，专门负责整理、修纂儒家经典以及蒙古典制方面的书籍。另外，元朝还设立了广成局、兴文署、翰林院、艺文监、太医院、国子监、太史院与印历局等一系列的图书编纂和出版机构。广成局负责专掌传刻经籍及印造之事，并专一印行祖宗圣训以及国制之书等。兴文署最初职掌雕印文书，后来掌管经籍版及江南学田钱谷以及召集良工刊刻经、子、史。《资治通鉴》便是兴文署主持下开始刊刻的第一本书。太史院掌管天文、历法以及负责编制历书。艺文监则是专掌“国语”翻译儒书以及儒书的合订校雠等，其实艺文监的重要任务之一就是将汉文经典史书翻译成蒙文并加以刻印，曾用这种文字译印过《尚书》《孝经》《忠经》《通鉴节要》《大学衍义》《帝范》《贞观政要》《资治通鉴》《百家姓》《千字文》《图像烈女传》和《皇图大训》等，可惜这些印本后来流传下来的很少。艺文监下设有广成局，专门掌管传刻经籍及印造之事。广成局的人员组成为大使一员，副使一员，直长二员，司吏二名,专一印行祖宗圣训及国制等书。另外,刊刻书籍的中央政府机构还有太医院,负责医书的编纂。大德年间太医院刊刻了《圣济总录》。国子监是元朝最高级别的官办学府,也是元朝重要的教育出版机构,它也负责刊刻医学之类的书籍,曾刻印了小字本《伤寒论》十卷。太史院印历局主要掌管天文历数和历书印造事宜,刻印《大历》《小历》《回回历》三种,一年多达三百一十多万本。

元朝的疆域辽阔,陆路与海路的交通都很发达,对外文化交流活动频繁。为元朝官方收藏国外的图书典籍创造了便利条件。元朝于至元八年(公元 1271 年)设立回回司天台官属,归秘书监管理。后来回回司天台向政府上报收到一批回族书籍和天文仪器。其中经书有四百四十二部,合用经书一百九十五部,兀忽烈的《四擘算法数》十五部,罕里速窟允《解算法目》三部,撒唯那罕答昔牙《诸般算法目并仪式》十七部,麦者思的《造司天仪式》十五部,《阿堪决断诸般灾福》,蓝木立《占卜法度》,麻塔合立《灾福正义》,海牙剔《穷历法数》七部,呵些必牙《诸般算法》八部,积尺《诸家历》四十八部,速瓦里可法乞必《星纂》四部,撒那的阿速忒《造浑仪香漏》八部,撒非那《诸船法度纂要》十二部,提点官《家内诸般合使用文书》四十七部,亦乞昔儿《烧丹炉》八部,忒毕《医经》十三部,艾竭马答《论说有无源流》十部,帖里黑《总年号国名》三部,密阿《辨认风水》两部,福剌散《相书》一部,者瓦希剌《别认宝具》五部,黑牙里《造香漏并诸般机巧》两部,蛇艾立《诗》一部;兀剌速八个,密勒小浑天图,阿剌的杀密剌测太阳晷影一个,牙秃鲁小浑仪一个,拍儿可儿谭定方圆尺一个;天文图、仪器四件,天文历学书籍七种九十六部,数学书籍四种四十七部,占星占卜书六种若干部,医经一种十三部,炼丹、堪舆、哲学、史学、诗学、辨别珍宝的技术书各一种各若干部。由此可知,阿拉伯种类的图书在元朝时期传入中国的种类繁多,内容丰富,在历史文化科学技术各个领域都有涉及,这些图书被悉数藏入元朝的官府藏书处所。

元朝的私人藏书

元朝统治的时间很短,前后只有八十多年,所以这么短的时间内的私人藏书不算太多,和宋朝的私人藏书相比,差距很大。尤其是到了元朝末年,兵荒马乱,对私人藏书而言是一场巨大的劫难。后来,明宣宗时期的大学士杨士奇在《文籍志序》中回忆说:“吾先世藏书数万卷,元季悉毁于兵。”元朝末年的兵乱使大量私人藏书被焚毁抢掠。不过,就是这为数不多的劫后余生的私藏也为元代藏书事业做出了巨大的填补贡献。

相比整个中国的古代历史,元朝的社会政治特点比较特殊,当时元朝的当政者实行民族歧视政策,并且废除了科举进仕制度,好多汉族的有识之士难以通过正规途径实现自己的政治理想。而且元朝当政者由于民族的历史原因,特别看不起知识分子,认为九儒十丐,致使知识分子的地位在元朝时期十分低下。在这种情况下,许多有识之士选择潜心做学问,以读书、藏书为乐,担负起保存圣贤之书、传播圣贤之学的责任,声称“宁存书种,无苟富贵”。所以在整个社会中形成了一种浓厚的读书、藏书之风。

其实，士人的读书藏书贯穿了中国古代社会，元朝时期也没有例外。元朝的读书人也喜欢收藏图书典籍，只是收藏数量不同，有多有少。加上元朝存在的历史时间短暂，整个元朝时期的藏书家仅有一百七十人，人数与前代宋朝相比很少，而且汉族知识分子的藏书家占了绝大多数，还有一些蒙古族收藏家和色目人收藏家。这些藏书家的藏书多来自宋金或继承了前代遗留的图书典籍，当时的张柔、贾辅、师畅文、谭澄、马端临、赵孟頫、苏天爵、袁桷、徐均、庄肃、王应麟等都是如此。

元朝的藏书家与历朝历代的藏书家一样，藏书的主要目的是阅读和利用，就如著名学者和藏书家杨维桢所说的："夫书之能藏者不难，能读者难；能读者不难，能用者难也。书藏而不读与无等；读而不用与不读等。"而著名学者、藏书家黄仲元也说："藏而不善读，犹不藏也；读而不善用，犹不读也。"他们的说法代表了元朝大多数藏书者的观点，藏书是为了读书，读书是为了著述和利济天下。当时吴县（1995 年撤销）的张雯，家住在繁华闹市，修建藏书楼集聚图书典籍，什么经传子史以及碑官百家之书无所不备，自己整日翻阅研究，乐在其中。张雯著有《继潜录》《书画补遗》与《墨记》等。还有藏书家胡芳，家藏图书典籍有数万卷，每天也是埋首书中，自得自乐，八十多岁了，仍每天读书，手不释卷。藏书家章德一，不愿意出仕做官，家中藏书也有万卷，不断有远近知名人士慕名前来与他交流切磋。藏书家王士纲，深雅博闻，性情恬淡，最终辞官不做，修建了一座藏书楼，命名为粹经楼，收集图书典籍几万卷之多，每天于粹经楼中教授自己的子弟读书习字。藏书家虞堪，一生与世无争，隐居行义，家中藏书丰富，而且很多藏书都是他亲自编辑的。

元朝时期有的藏书家，除了自己阅读利用以外，还把自家的藏书外借供他人阅读。许州的冯梦周任元朝礼部尚书，早年由于家贫无书可读，做官后便出资购书千卷之多，修建一座藏书楼将书储藏起来，专门用来给贫困的乡邻阅读。冯梦周还专门为他的藏书楼制定了借阅规则：凡借者恣其所取，记其名于书目，读完则归而销其籍，损者不责偿，不归者遂予之，以激其后。缺者随补之。后来，冯梦周将他平日所购买的书籍数万卷都捐给了颖昌书院，用来资助办学。还有的藏书家利用藏书进行办学活动。济南的张炤做官后，一次性出资购书八万卷，都赠送给济南府学资助教育了。

元朝时期，还有一些私藏家，由于生活比较贫困，没有余钱买书，便依靠自己手抄笔录来积聚图书。兰溪的吴师道在未出仕做官之前，家里贫穷无力购书，便发奋图强，靠手抄集聚了好几荚的书。松江的孙道明也很相似，虽然家贫苦寒，但立志苦学，每每向人借得书来，就会坐在家中一边读一边抄，用楷书抄写得非常工整，如此也积累了一千多本藏书。席生君，曾做过元朝的威楚路总管，他立志读书学习，但苦于无书，便借书来手抄笔录，一天抄不完一万字不休息，经年累月，他积聚有万余卷的图书典籍，内容无所不包，经史子集、天官地志、道释丹经都有。席生君本是一介武官，而且元朝当时的风气是比较崇尚武力，有人便不解地问他，为什么要这么费心费力地抄书来藏。他回答说："吾子孙他日尚有籍此士而兴者。"由此可窥他的深谋远虑。

元朝时期还有一些藏书家，并不是家中没钱购书，而是他们嗜书成癖，把抄书当成一种乐趣。中国古代的读书人奉行读书千遍不如抄书一遍的治学方法，这些藏书家也以抄书作为读书治学的方法，尤其是当看到一些善本和奇书时，更是必须亲自抄录不可。汲县的王天铎，做到户部主事，家里大小事都不管，整天以闭户读书为乐,每每借到一本珍异善本,一边看一边抄,不到十年工夫,就以如此方式集聚有数千卷的书。王应麟的儿子王昌世,家里祖上曾经积藏有万余卷的图书典籍,可惜一场大火烧毁了不少,王昌世露抄雪纂,甚至到了废寝忘食的地步,最后终于把被烧毁的书复抄完整。

元朝虽然是一个崇尚武力的朝代,但当时还是有一批军人喜好读书、藏书,为元朝的藏书事业做出了重要贡献。畅师文,很小的时候便立志读书,可惜由于家贫,无书可读,他便借书来手录口诵,达到过目不忘的地步。至元十二年(公元1275年),元朝丞相伯颜举兵攻打宋朝,畅师文被选为掾属,跟随伯颜平定江南,回朝的时候,随船除了载满得来的图书典籍之外,别无他物。董士选,从小跟随父亲董文炳居住在兵营里,白天跟着他的父亲学习带兵打仗之事,一到夜晚,便在灯下读书不辍,常到夜半三更还不睡。南宋灭亡后,董士选跟从父亲进入宋宫,取到南宋皇帝的降表之时,也带出了当时南宋宫中许多的文书图籍,归藏自己家中。谭澄,是元朝的军中将领,他命部下只要得到图书典籍,马上给他送去,所以他家最后藏书积聚有万卷之多。易州的张柔,少年之时便以豪侠著称,也曾读过一些书,有些学识。他曾在金朝为官,后来投奔成吉思汗,跟随元朝军队攻打金、宋。蒙古军攻入南宋都城临安之时,别的将士都在争抢金帛之物,唯独张柔进入南宋的史馆,拿取了《金实录》等许多南府当时的官府藏书,他家最后所积图书典籍也有万余卷。张柔手下的大将贾辅,也是位喜欢读书、聚书的军人,他收藏有万卷的图书典籍,还专门修建有藏书楼来安置这些书籍。

元朝的一些藏书家收藏图书典籍,除了供自己研读之外,还是为了子孙着想,希望达到诗书继世长的目的。这些藏书家认为："遗金满籝，不如遗一经。"当时著名的学者张文谦，一生没有别的嗜好，只爱收藏图书典籍，他家藏书有数万卷之多。张文谦曾对人说："吾家素清白，有书数柜，传之子孙，万金不薄也。"张炤也是当时著名的藏书家，修建有藏书楼，名为万卷堂，他为书楼如此命名是希望"子孙升斯堂，诵斯书，有孝悌忠信者出，以不负其储书之意"。藏书家段思温，一生不善经营，家中一直很贫困，他则以教书授徒赚取一点生活费用，即使在如此艰难的情况下，他仍会缩衣节食去买书，家中藏书最后也集聚到万余卷。史书记载他之所以这样做，是因为"尝顾而乐之，谓以此遗子孙足矣"。当时，王恽的父亲王天铎不辞辛苦，抄书有数千卷之多，想着以后能传给子孙，希冀子孙可以读书向学，学有所成，最后达到"为卿相，为牧守，为善人，为君子，上以致君泽民，下以立身行道，道其在于是矣"。他的儿子王恽没有辜负父亲的期望，从小好学不倦，文章写得一流好，最后累官至翰林学士。王恽也像父亲那样喜好广蓄图书典籍，希望子孙还能继承读书家风，他对子孙说："传家无长物，临终付青毡。有书五千卷，太平亲手编。三世无白屋，辛苦天所怜。多财只益愚，读书可希贤。……近多置书家，万卷图好看。来者不一读，非贸即弃损。人果不好学，方寸如废田。"当时，还有一些有钱人家，虽然自己本身不怎么爱读书，但也购书来藏，希望他们的子孙后代可以爱上读书，直至取得功名富贵。庐陵的贺良叔是位善置家产的人，他家良田无数，每年收取的稻谷都在万石之上，他卖粮买书有万卷之多，出高价请得名师来教他的儿子读书。鄞县的胡珙，也是位富有的地主。他也喜好卖粮储书，还建有特别精致的藏书楼，请得名师教育诸孙，希望他们都通过举子业进入仕途。乐大源是当时定海的贩粮大商人，购书数千卷来传给子孙，还特别有信心地说："吾子孙必有能读是者。”果然不出他的所料，他的孙子乐良读了他所藏的这些书后，师从当时著名学者程端礼，后来在明朝洪武初年的时候，被任命为定海的教谕。

元朝时期，很多蒙古人和色目人受到汉族文化的熏染，也喜爱读书、藏书。蒙古人木华黎的后人只必，从小就嗜好读书，武文弄墨，他曾拿出家中藏书两千多卷，放置于家乡东平的庙学之中，让学生们翻阅注释。慕颜铁木也是位贤而能文的人，他家藏书有万卷之多，自己还作诗文五百多篇。克埒实家中也藏书有万余卷，他把这些藏书都一一阅读过。千奴在历山脚下藏书万卷之多，他比较开明，把他的藏书供给乡里子弟阅读，还每年拿出自己百亩多私田的租金给养他的藏书处所。纽璘的孙子南加台，是当时蒙古人中藏书最富有的人，他曾遍游江南求书，花费四五年的时间，最后购得图书典籍多达三十万卷，雇了好多船运回家中，被时人传为佳话。畏兀儿人廉希宪，是元朝的一员大将，他镇守关中之时，为自己修建了藏书楼，藏书达两万卷，每天和许衡待在藏书楼里研读这些藏书。廉希宪的儿子廉惇等从小受父亲的影响，也整天待在藏书楼中读书，长大后，他把父亲的藏书楼重新修葺，又购置藏书万卷，命名藏书楼为读书岩。畏兀儿族文学家薛昂夫，一生喜好读书、藏书，积蓄藏书有几万卷。他在豫章侨居之时，在书斋野鹤轩的左边专建有一楼来藏书，为藏书楼起名书垒。高昌王月鲁哥，命手下将士帮他搜求图书典籍，后来家中积聚藏书万卷，他则是朝诵暮读，手不释卷，在外人眼里俨然一介儒生的模样。汪古人阔里吉思，在宅邸之中修筑有藏书楼万卷堂，请了好多当时著名的儒学家，每天与他们在万卷堂中讨论经史、性理、阴阳、术数等学术问题。汪惟正这个人家中藏书有两万卷，平日喜欢与当时的文人雅士聚在一起，谈古论今，评论政治。

上述这些藏书家都是蒙古族和色目人中藏书既多、读书也广的杰出代表，他们在元朝如此一个特殊的文化氛围里，也为当时的藏书事业做出了突出的贡献。

元朝的藏书家

庄肃，字恭叔，号蓼塘，松江青龙镇人，曾是南宋秘书院的六品小吏。南宋灭亡后便逃到上海，隐居在松江的青龙镇，后来他在青龙镇修建了一座藏书楼，名为万卷轩，用来藏书。庄肃藏书多是手抄本，种类繁多，经、史、子、集，稗官小说，都有收藏，他的万卷轩收藏图书典籍达八万卷。他将自己的藏书书目归类为十门，成为当时江南的三大藏书家之一。元朝于元至正六年(公元1346年)开始编修宋、辽、金三史，同时下诏向民间访求遗书，元朝知道庄肃家藏书丰盛，便指派史臣危素到庄肃家访求遗书，庄肃害怕自己的藏书中夹有触犯禁令之处，便忍痛将大部分藏书烧毁了，等到危素赶到万卷轩时，只从所剩藏书中选得五百卷。庄肃曾为自己的藏书编撰有《庄氏藏书目》，除了以经、史、子、集分类外，还有山经、地志、医卜、方技、小说六目，还用甲、乙、丙、丁、戊、已、庚、辛、壬、癸来区别自己的藏书，可惜这部私家目录书到现今已经散佚不见了。

元好问(公元1190—1257年)，金代著名文学家，他家原收藏有大量的图书典籍。蒙古兵于金宣宗贞祐元年(公元1213年)大举南下的时候,元好问为了保护他的藏书,选出几千册善本珍藉藏入了自家的夹墙之内。后来,元好问为了躲避战乱,又选出一千多册珍贵的善本和常读之书,装了满满两大车,从太原启程,渡过黄河,到了福昌的三乡镇,但是由于潼关失守,他只得拉着他的书继续南逃,可惜避逃途中投宿的店家失火,辛苦运出来的两车书都丧身火海了。

元代中书令耶律楚材颇爱藏书,《元史·耶律楚材传》称其死后留有古今书画、金石和遗文数千卷。赵孟頫本是赵宗室之后,后仕于朝廷,诗文书画无不精妙,藏书亦多珍本。

马端临(公元 1254—1323 年),字贵舆,号竹洲,饶州乐平人。马端临是宋元之际著名历史学家, 他的父亲马廷鸾是南宋著名的学者,建有碧梧精舍藏书楼,所藏图书典籍甚多。马端临从小受他父亲的影响,喜好读书,他每天都习惯抄经史,写不完五十纸不停歇,学业由此不断得到精进。马端临十九岁那年被南宋荫补为承事郎,第二年漕试的时候得了第一名。但南宋很快灭亡,自此,马端临隐居不仕,开始读书写作的生涯,最终耗时二十多年编撰了《文献通考》,这部书成为中国古代历史上典章制度的集大成之作。

苏天爵(公元 1294—1352 年),字伯修,河北正定人,元朝著名的文学家。他的出身很好,祖上便是书香世家,他的祖父修建有滋溪书堂用来藏书,他的父亲继承祖父藏书遗志,苏家藏书日渐丰富。苏天爵从小耳濡目染,好学嗜读,为自己积淀了深厚的文史基础,最终成为元朝时期著名的文史大家。时人潘纯在《题苏伯修滋溪书堂》中赞誉道:“华屋书充栋,清溪树拂檐。归来谢宾客,长日下疏帘。”

杨维桢(公元 1296—1370 年),字廉夫,号铁崖,东维子,原籍浙江诸暨,元朝著名的文学家和书法家。杨维桢的父亲杨宏在铁崖山上修筑了一座藏书楼,内中藏书数万卷。杨维桢年少之时便在藏书楼上读书习字。杨宏为了使儿子能够专心读书,把藏书楼的楼梯撤去,每天用辘轳给儿子往楼上送饭,父亲如此用心,儿子也争气,苦读五年之后,经史百家皆为精通,连教授他的老师都甘拜下风。杨维桢于登泰定三年(公元1326年)中进士及第,之后继承父亲遗志。收集藏书与读书写作伴随了他的一生。

何中(公元1265—1332年),字太虚,抚州乐安人。他自小聪颖好学,尤于古学造诣极深,自家藏书达万卷之多,何中亲自对藏书进行校雠,学问弘深博大,受到世人的钦佩。

张枢(公元1292—1348年),字子长,祖籍东阳。他的父亲张观光娶了金华的潘氏,张家便定居于金华,张观光曾是婺州路的教授,为金华的首任学官,曾著有《屏岩小稿》一卷。张枢的外祖父潘氏藏书丰富,张枢从小便阅读这些藏书。他有过目不忘的本领,读过的书皆记忆极深。张枢成年后,喜好藏书,而且肆笔成章,顷刻间洋洋洒洒数千言便落在纸上。

同恕(公元1254—1331年),字宽甫,陕西奉元人,元朝时期著名的学者和教育家。他终身隐居不仕,一生以读书、写作、教授为乐。同恕不善理财,家无隔夜之粮,但他苦心积聚的图书典籍却有数万卷,他的藏书处所名为榘菴。

赵孟頫(公元1254—1322年),字子昂,号松雪,又号鸥波,水晶宫道人,湖州人。他出身高贵,生于南宋的皇族之家。他是元朝著名的书画家和藏书家。赵孟頫从小嗜读好学，自家藏书非常多。他喜好收藏宋元时期的刊本,藏有宋刻本《汉书》《后汉书》。他认为:“聚书藏书,良匪易事。善观书者,澄神端虑,净几焚香。勿卷脑,勿折角,勿以爪侵字,勿以唾揭幅,勿以作枕,勿以夹刺,随损随修，随开随掩，后之得吾书者，并奉赠此法。”后来明清时期的藏书家对他极为推崇，他的藏书最后到了王世贞、钱谦益、谢三宾和张晋彦等人之手。

袁桷（公元 1266—1327 年），字伯长，号清容居士。庆元鄞县人。他最早跟随戴元表学书认字，后来又师从王应麟。袁桷的学问做得很好，精史学、习掌故、长考据、通诗文、工书法，是元朝著名的史学家、文学家和藏书家。他曾担任过丽泽书院的山长，后来被推荐到翰林国史院任检阅官，后来升任侍讲学士。袁桷出生于书香世家，他的曾祖父袁韶、祖父袁似道和父亲袁洪都喜好出生，袁桷继承他们的遗志，更为积极地四处收集图书典籍。他为自己修建藏书楼，名为清容居，在当时的浙东地区，是藏书最富有的人家。袁桷藏书之余喜好著述，著有《〈易〉说》《〈春秋〉说》《清容居士集》和《延祐四明志》等，《定海县学藏书记》和《袁氏新旧书目序》成为后世研究中国古代藏书史的重要文献。袁桷死后，他的子孙对藏书事业已然没有兴趣，他苦心集聚的藏书被家中佣人偷窃而去转卖他人，有的藏书则被不识纸字的婢妾当作无用之物毁掉了。后来，元朝编修宋辽金三史时，他的孙子袁曮把最后遗存的几千卷全部上呈给了朝廷。

袁易（公元 1262—1306 年），字通甫，平江长洲人，他修筑有藏书楼，名为静春堂，内藏书万卷之多，且他自己都亲自校订编著过。他著有《静春堂诗集》四卷。

申屠致远，字大用，小的时候在南宋都城临安生活，金朝末年的时候，跟随父亲搬迁到东平的寿张居住。他是元朝著名的官臣。申屠致远生性清心寡欲，耻于玩权弄贵，他生前为自己修建有藏书楼，里面安置图书典籍万卷之多，为书楼起名为墨庄。等到他去世之时，家中除了余有藏书数千册以及著稿数箧之外，别无余产。申屠致远一生著有《释奠通礼》三卷、《杜诗纂例》十卷、《集古印章》三卷、《集验方》十二卷和《忍斋行稿》四十卷等。

元朝的书院藏书

元朝的书院共有四百零八所,这个时期的书院带有非常浓郁的时代特点。首先体现在书院的命名方式上,按地名或山名命名的书院有天门书院、南湖书院、封龙山书院、太行书院等;用前朝名人的名字命名的书院有东坡书院、鲁斋书院、静修书院等;从儒家的经典著作中找出个别词来命名书院的有太极书院等;以名胜古迹来命名的书院有西洛书院等。不过元朝时期的大部分书院都沿袭前朝旧名,没有改动过。

元朝时期的书院在一定程度上都具有私学和官学的双重性质,书院在初创的阶段基本上都属于私学,但是发展到一定程度以后,地方的长官就会出面干涉,要求书院按一定程序办理官方手续,直至最后需要到元朝的政权机构登记、注册、备案。自此,私立书院便成为元朝所谓的额设书院,正式被纳入到了官学的序列,书院中的山长和师儒的任命和罢免也由朝廷说了算。

所以元朝书院发展开始的时候为私人办学,逐渐地转为官办性质,导致元朝的书院既保留有私学的传统,又形成了官学的特点。

在中国古代的历史上,历朝历代的书院都是讲学、藏书、传播文化的重要场所。宋朝时期,理学的高度发展致使书院的建设规模盛极一时,到了元朝时期,书院的讲学之风基本上都继承了宋朝的风格,而且无论在藏书还是刻书上都比宋朝有过之而无不及。元朝在对待书院的态度上比较宽容,而且积极鼓励书院的建设与发展。元朝于至元二十八年(公元 1291 年)下达一项政策,令"其他先儒过化之地,明贤经行之所,与好事之家出钱粟赡学者,并立为书院。凡师儒之命于朝廷者,曰教授,路府上中州置之。命于礼部及行省及宣慰司者,曰学正、山长、学录、教谕,路府州县及书院置之"。而且元朝还给予书院特别优厚的待遇,书院里的学生和州县的生徒可以通过举荐方式到各地官府为官。元朝这一政策的实施,从主观和客观上都促进了书院的生源和讲学规模的不断扩大。元朝时代著名的书院有太极书院、江西锦江书院、余杭集虚书院、渤海东庵书院、许昌颍昌书院、袁州南轩书院、河南伊皋书院、武昌南阳书院、湘潭主一书院、杭州西湖书院等。特别是太极书院的建立,为元朝初期理学思想的确立奠定了基础,也为儒学入主科举考试起到了决定性的作用。当时的著名人士赵复、姚枢、许衡和窦默等一批人都曾在太极书院讲学或学习过。

元朝时期的书院藏书主要有三方面的来源:第一是来自朝廷的赏赐和各地官府的捐赠。杨惟中、姚枢建立太极书院后,内中设立有周子祠,要求教授主讲二程、张、杨、游、朱六君子的理论课程,官府选取了八千多卷的藏书赠予太极书院,供师生阅览。这八千多册朝廷所颁赐的图书典籍便成为太极书院的藏书。临汝书院始建于南宋淳祐八年 (公元 1248 年),但是书院内的尊经阁于元延祐二年(公元 1315 年)的时候不慎失火,里面所藏图书典籍在大火中毁灭殆尽，随后元朝发布命令，出资重新修建，历经八九年重建工程完成。尊经阁修复既成，可惜原有藏书悉数被烧毁，最后“宪使历山公俾提举学事者，萃列郡校官版本书至，因庋之其上，以待学者”。由此可见，朝廷和官府对书院的藏书给予了极大的支持。第二是来自私人的捐赠。元朝时期，书院接受私人捐赠的藏书比较多，成为书院藏书的一大来源。宋朝时期，中国古代的文化发展就比较激昂向上，无论在儒学方面还是科技方面都已经非常先进。但是经过南宋后期的长年战乱，图书典籍收藏越来越多地流落到私人手里。元朝统一后，社会逐渐安定，一些开明人士为了使书籍的功能作用发挥得更大，便纷纷把自家的藏书捐赠给了书院。当时辉州的共山书院接受私人捐赠的图书典籍就很多。汲郡的张思明自从做官后便开始喜好藏书，拿自己节省下来的俸禄到全国各地的书肆购买各种真迹善本，花费三十多年的时间收集经史子集若干卷，最后张思明将三十年苦心集聚的图书典籍都捐赠给了共山书院。第三是书院自己购买和刻印的图书。元朝时期，无论公立书院还是私人书院，都拥有一定数量的田产。当时，淮海书院拥有田产一万三千五百七十亩，明道书院拥有田产四千九百亩，文学书院拥有田产四千二百亩，南阳书院拥有田产四千亩，沅阳书院拥有田产一千二百亩，清忠书院拥有田产一千一百亩，伊川书院拥有田产一千亩，江东书院拥有田产九百亩。而且元朝的书院还拥有一定数量的货币地租。当时的蓝山书院就“为田若干亩，地若干亩，山若干亩，租米若二石。钱若干络”。当时，书院向租种学田的佃农收取货币地租成为一种普遍现象。这些书院的田产收入一方面保障了书院的建设活动，一方面为书院的购书、刻书活动提供了资金保障。大德年间，翁州书院重新刊载了白鹿洞之规。杭州的西湖书院刻印了许多的经史子集，而且很好地保护了书版，至元二十八年(公元 1291 年)的时候,郡人朱庆宗“捐牙田二百七十有五亩,归于书院,遵著令减其租什二,实为米一百三十有二石,请储之,以待书库之用,而毋移他费。凡书版之用缺之补治之,封误者刊正之,有所未备者增益之”。

元朝的寺院藏书

元代对佛教的传播、寺院的建设、佛学的研究都是非常重视的。元代著名的两大居士耶律楚材、刘秉忠都是元朝的开国重臣、一代名相，尤其是刘秉忠的佛学思想影响着元代最高统治者。刘秉忠(1216—1274)，元代政治家，元代北京城规划建设的肇始者，字仲晦，原名侃，邢州(今河北邢台)人，曾为僧，法名子聪。元世祖忽必烈对他言无不听，宠任益隆，曾经位至三公，官居太保。元代佛学的发展体现在佛寺的大量兴建与信徒的大量增加上，在最高统治者的支持下，有各种高僧主持的大规模法事活动，元朝皇帝曾主持修纂藏经目录。

中国历史上出现最早的藏经目录在汉末、曹魏之际。而概括全面、分类合理的藏经目录，当是唐朝的释智升的《开元释教录》。元代各地的藏经数量很多，元世祖忽必烈认为藏经流传很久，但有不同的文本，如：藏文本、汉文本甚有差异。至元二十二年(1285年)，忽必烈召集各地高僧，包括蒙古族、汉族以及其余各族的高僧齐聚京都，为用各民族语言准确地翻译佛经进行了讨论。经过三年的艰苦工作，校对诠释了一千四百余部藏经。后来忽必烈又命以蕃汉本参对楷定大藏圣教，华梵对辨，各题各标，编著了《至元法宝勘同总录》。这部总录共分为四大部分：一是记录了自东汉初至元世祖时期所译的经藏、律藏、论藏的数目；二是分别记述历代译经的目录；三是大小乘教各部藏经、律经译本的著录概况；四是元代译经的业绩。这部总录可以从一个侧面了解佛教对中国历代思想的影响，了解佛教在中国发展的历史。元朝文化的发展特色既有中原文化的渗透，也有对异域文化的利用，呈现了不同于其他历史时期的文化特点。作为文化的重要载体——书籍的收藏也具有不一样的特色，值得我们讨论。

明朝的藏书事业

明朝的官府藏书

明朝建立之后，明太祖朱元璋便派大将军徐达接收了元朝的全部图书典籍。随后的几十年间，明朝开展了三次从民间征集图书典籍的活动，致使这个时期的官府藏规模达到了历史的顶峰。明太祖在胡惟庸案后，废除中书省，自此，自汉桓帝以来延续了一千多年专职于藏书的秘书监被撤销，明朝把官府藏书的管理权归于翰林院典籍执掌。明太祖朱元璋施行的这种改制其实是削弱了官府藏书的管理能力，导致后来的官府藏书机构逐渐走向没落，官府所藏图书典籍也逐渐流散于民间。张萱于万历年间用《文渊阁书目》检阅官府藏书时，发现此时的收藏数量已经是十不存一。等到了明朝的后期，情况更是惨不忍睹，就连早年收集整理的积累藏书也快流散光了。明朝时期，朝廷没有制定严格有序的藏书管理制度，而且很少对所藏图书典籍进行定期的整理、加工和编制，加上当时的管理官员监守自盗等，导致那个时期的官府藏书散失、损毁现象非常严重。其实，明朝从建立之始便对官府藏书的管理极不重视。然而例外的是，明仁宗和明宪宗时期的官府藏书事业未受到太大的冲击，仍在稳步向前发展。

朱元璋在未建立明朝之前曾命有司到民间访求古今书籍，藏之秘府，以资览阅，这算是明朝官府藏书的雏形。明朝军队于洪武元年(公元1368年)八月己巳攻入元大都后，以应天为南京，开封为北京。庚午时分，徐达在元大都开始封库府图籍，守宫门，禁士卒侵暴，没收了元朝的全部藏书，充于内府中收藏。这部分藏书基本上都是宋、金、元诸代官府藏书的精华。当年元朝灭宋，收缴了宋朝七万三千八百七十卷藏书中的绝大部分，元朝平金之后，将这部分图书典籍全部收藏于元大都。明朝攻克元大都后，将这些藏书又尽数收归于己。后来，朱元璋又把珍藏于杭州西湖书院的二十余万片书版全部征调回南京国子监保管，这些书版也成为明朝官府藏书的重要组成部分。朱元璋又于洪武二十三年十二月下诏购买遗书。福建的布政司尊诏买进了《南唐书》《金史》《苏辙古文》等。朱元璋在短短二十余年的时间内，组织了三次大规模的收书活动。这些征集到的图书典籍先被收在秘府之中，后来明朝又陆续设置了大本堂、宏文馆、秘书监、文渊阁、东阁和华盖殿等处所来对国书典籍进行保存。但这个时期的官府藏书还是以收缴来的元大都的宫廷藏书为主。朱元璋本身没有多少文化，所以后来他的儿子明成祖对书籍的喜好远远超过了他。明成祖说："置书不难，须常览阅乃有益。凡人积金玉欲遗子孙，朕积书亦欲遗子孙，金玉之利有限，书籍之利岂有穷也？"明成祖在永乐四年的时候，曾到官府藏书殿阁中览阅书史，问起文渊阁的藏书目录，当时管理藏书殿阁的官员回答说，大部分都阙略散佚了。明成祖当时就说：稍微有点余资的士庶人家，还想着购买集藏图书积书，何况是朝廷呢？他从官府藏书殿阁中回来后，就命令礼部尚书郑赐派遣使臣到全国各地去访购图书典籍，若是遇到珍贵的善本，善本的所有者想要多少钱都给，不讨价还价。而且在这个时期,明朝为满足官府藏书管理机构编撰图书的需要,还多次向民间和地方征调过图书典籍。另外,明朝还明令各地相关部门要随时向史馆申报有关图书典籍的收集情况,及时将图书入藏内府书阁。据记载,当时“六部等衙门,凡论奏题覆疏上,即录副一通。其南京并在外衙门官员、诸色人等所上章疏,科抄到部,即录副一通,俱送阁转发史馆。红本下科,该科俱写旨意揭帖一本送阁,转发史馆。至于钦天监天文占候、太常寺祭祀日期,阁令按日开服,其录副不必如副本揭帖格式,但用常行白纸,高低以一尺为度,密行楷书,疏为一卷。不论疏数多寡,并用一封筒钉缄送入”。经过洪武、永乐、宣德等几代皇帝多次向民间积极努力地征集图书的举动,又加上明朝不断完善申报资料政策,这个时期明朝官府藏书的总量达到两万部,有一百万卷之多。

明朝的官府藏书处所主要是南京的文渊阁、大本堂、国子监和北京的文渊阁。南京的文渊阁是由明太祖朱元璋修建的,这座殿阁最初所藏的图书典籍都是收缴元朝官府所得的图书典籍,其中就有元朝历代编撰的《实录》。后来,明太祖把从民间征集到的图书典籍也收藏到这里,但是,这个时期的文渊阁藏书还很少。到了明成祖当政时期,经过他多次向民间征集图书后,南京文渊阁的藏书才逐渐丰富起来。明成祖把都城从南京迁到北京后,在永乐十七年(公元 1419 年)的时候,特别遣派当时的侍讲陈敬宗到南京,将文渊阁内所藏的图书典籍分别拿取一部副本运回北京。陈敬宗把藏书装入柜中,总共装有一百柜,使用十多艘船经水路运抵北京的大内,最后这些藏书被存放于左顺门的北廊之中。明朝组织人力编撰而成的《永乐大典》也在所运藏书之内,它被单独储藏于宫中的文楼。令人叹惜的是,正统十四年(公元1449年)，南京的皇宫失火，文渊阁内剩余的藏书一本不剩地化为灰烟,消散不见。明朝时期的文渊阁不仅是当时官府藏书的主要处所,而且还是当政皇帝看书、论讲以及编撰图书的重要场所,编撰《永乐大典》的工作就是在这里进行的。大本堂是朱元璋在洪武元年修建于宫中的,初衷是用来做教育皇子皇孙的场所。大本堂之所以也成为皇家藏书的重要处所，主要是为了配合教学和方便皇子皇孙们学习的需要。大本堂内所藏的图书典籍上面都盖有东宫的印章,如东宫图书、东宫之记、大本之堂,等等。大本堂最后的命运和南京的文渊阁一模一样，也毁在正统十四年的那场大火之中。 南京的国子监在洪武十四年建成，主要作为明朝组织的授课、考课和藏书的场所来使用,里面所藏的图书典籍都是明朝当政者准备用来颁赐以及历年从民间收集得来的藏书。南京国子监内的藏书的最大特色是版片众多，有二百多种。北京的文渊阁建成于明正统六年,装修完成之后,明朝便将原来存放在左顺门外北廊及宫中文楼的图书典籍全部搬入,明朝还特别设置了文渊阁的专管人员,从事勘点、编目、典守的工作。明仁宗当政时期,华盖殿的大学士杨士奇主持编撰了《文渊阁书目》,里面录有藏书目录四十二万六千多册,其中还不包括历朝编撰的《实录》和档册等文献资料。这个时期,北京的文渊阁成为明朝官府藏书的重阵之地。

明朝的皇帝在重视图书典籍的收集之余,也很重视图书典籍的收藏整理工作。明朝把数次征集来的图书典籍分别藏于国子监和文渊阁之中，还采纳谋臣的建议把图书典籍藏于石屋铁柜之中,但是明朝在官府藏书建设上有一个致命的弱点,那便是一直疏于对藏书进行整理与修缮。明朝初年,官府都是沿袭前朝旧制,在藏书机构的设置上,中书省仍然统辖秘书监,秘书监负责官府藏书的管理。在那个时候，秘书监属于正六品的官阶，地位远不如唐宋时期高，不过仍然是中央一级的机构，而且权职独立。但是在洪武十三年(公元1380 年)的时候，明太祖朱元璋一声令下将中书省罢除了，把秘书监归入翰林院掌管，同时设立典籍官专管文渊阁的藏书。明太祖朱元璋给典籍官的编制仅有两个名额，而且典籍官的官品也由原来的正六品下降为从八品，官品地位只相当于唐宋时期秘书监中的秘书郎。明朝这样的机构改革不但使国家藏书机构地位遭到贬值，而且也为日后图书的流失、散佚以及官府藏书的衰败埋下了极大的隐患。明朝的政府机构改革后，典籍官具体所做的工作，一是看守皇家内府的藏书，当政皇帝想看什么书，听命提取上供，即“中使传宣索书，即启钥以上，时得宴见”；二是任由翰林院诸位官员们随意地调遣和差使。明朝时期，翰林院的官员们利用工作之暇，没事便到文渊阁看看书，典籍官经常忙得焦头烂额，以至于根本没有时间检审图书。明成祖诏令编修《永乐大典》时，听从大臣们的推荐，启用布衣陈济为编修主持，又召集了词臣修撰者以及太学儒生几千人听从陈济指挥，可是当陈济带领这支浩浩荡荡的队伍到达文渊阁想查找资料时，当时文渊阁书库内数百万卷书被堆放得乱七八糟，浩无端倪，根本无从下手。陈济只好和当时的少师官姚广孝等数人先对文渊阁内的官府藏书做发凡起例、区分钩考、秩然有法的工作。从这一点也可以看出，明朝向民间进行多次征收图书的活动后，根本没有再对图书典籍做分类整理的工作，还是用着前朝遗留下来的分类体系。可是由于明朝的官府藏书来源不同，分类体系自然也不尽相同，要想充分利用这些图书典籍，当然需要对这批藏书先做区分钩考、秩然有法的工作。所以在编撰《永乐大典》的过程中，为了把各类书籍、史料准确地编入书中，明成祖不得不聘用更多的专家和学者，让林环任《书经》的副主持，王彦文任《诗经》的副主持，高得任《三礼》的副主持，蒋用文、赵友同任《医经方》的副主持。这些名家学者们一边编撰《永乐大典》的各个专题，一边对文渊阁内的藏书做分类与整理的工作。但是我们从后来编撰成的《文渊阁书目》中不难窥见，《永乐大典》的编撰人员对文渊阁内的官府藏书所进行的整理和排序工作相当的粗糙。但是，总的来说，《永乐大典》的编纂工作在一定程度上对明朝官府藏书管理衰败的现状有所改变，从客观上提升了明朝官府藏书管理机构的部分职能，使明朝皇家藏书得到某种程度的整理与完善。但是《永乐大典》的编修人员对藏书的分类和整理的初衷只是为图书编撰工作服务的，并不是实际意义上的政府藏书管理工作。而且当明朝对收书、修书所做的大规模的活动结束之后，对官府藏书原有的那点基本管理也没有了，撤销秘书监的恶果很快显现出来，再加上不做认真地管理与修缮，明朝的官府藏书在弘治和正德年间开始出现散失的现象，偷盗官府藏书获利的举动与日俱增，当时的景象就是："掌管俱属之典籍，此辈皆赀郎幸进，虽不知书，而盗取以市利者实繁有徒，历朝所去已强半。"明朝的官府藏书事业由此也加速步入衰落时期。

明朝的私人藏书

明朝时期,私人藏书事业日臻繁盛,私人藏书家多达八百九十七人,是宋元两朝的总和。这个时期,私人藏书的特点是藏书对外开放态度愈以明朗和完善,许多私人藏书家乐意把自己的私有藏书作为资源共享。这个时期私人藏书家的开放态度可以说是中国古代私人藏书思想的代表,承上启下的作用非常明显。

私人藏书事业发展到明朝时期,藏书活动繁盛而普遍,越来越多的私人藏书家思想十分开明,愿意主动将自家的私有藏书对外开放,允许借阅,或互抄互刊,或刊布于众。当然这种开放思想是主流,这个时期仍有一部分私人藏书家秉持保守态度,自家的藏书是坚决不外借的,仅供自己和族人使用。著名藏书楼天一阁的主人范钦就是这种保守思想的代表。

明朝时期,私人藏书家开放的思想主要表现在以下几点。

第一是私人藏书家们将自家的藏书公开外借,不过他们外借的对象还主要局限于族人、亲戚、朋友以及一些极为爱书的知识分子,外借人群由亲近至疏远,范围逐渐扩大。例如何大成和赵琦美两家是姻亲关系,他们的藏书彼此互借。当时私藏家祁承的书也是外借的，他在《澹生堂藏书约》中专门写了借阅规则："子孙取读者，就堂检阅，阅竟即入架，不得入私室。亲友借观者，有副本则以应，无副本则以辞，正本不得出密园外。"可见祁氏的藏书对外借阅的权限很窄，仅限于副本藏书。但这个时期，有一部分私藏家的思想更加开明一些，认为图书典籍本是圣贤思想文化传承的载体，把藏书外借，可为借阅者提供学习参考资料，精进他们的学业，从而提高他们的修为境界，何乐而不为。私藏家陈贞铉即认为："书亦何可不借人也？贤哲著述，以俟知者。其人以借书来，是与书相知也。与书相知者，则亦与吾相知也，何可不借来借者？"私藏家李如一更是提出："天下好书，当与天下读书人共之。"他们对上门借书者态度和蔼，服务周到，借书者来，便倒庋相付，有时甚至无须本人到场，来信即可捎借，而且有求借必朝发夕至，慷慨借书之胸怀由此可窥一斑。私藏家毛晋也是开明人士之一，据说前来他们家借阅者可谓络绎不绝，藏书楼的门槛都快给踏破了。

第二是私人藏书家们彼此互抄互借，互相开放，互通藏书信息。这个时期，私人藏书家表面上看是一个个独立的藏书人，但实际上已经具备了私人图书馆的一些特征，这些藏书家不仅将自家的图书典籍开放流通，已经具有了现今图书馆馆际互借的意味，而且还在互借中总结出具体的操作方法。崇祯年间，私藏家曹溶就写出《流通古书约》，主张藏书家们应该对自家的所藏图书目进行编订，彼此交换借阅时，就不会出现差缺疏漏的现象，书目编订好后就可以约定抄写时间，到时即可交换所抄副本。虽然别的藏书家并未提出图书互借的实际理论，但在行动上实践着互借互抄之举。当时，刘城、黄宗羲和许元溥三人还结成一个抄书社，彼此互通自家所藏。曹学佺、谢肇淛和钱谦益等私藏家也常借抄彼此的藏书。

第三是明朝时期的私藏家们刊刻出版自家藏书,赠送友人兼带出售。这种刊刻出版私藏图书典籍的活动应该是中国古代藏书家们所独具的公开私藏的方式。那个时期,人们的版权意识基本上没有,所以只要条件具备,明朝时期的藏书家大多都会刊刻自己的藏书,一部分用来馈赠亲戚好友,一部分流通到书肆以赚取利润。私藏家毛晋是这个时期藏书家中践行此种公开私藏行为的代表人物。据统计,毛晋一生共刊刻图书约六百多种。他做事比较认真,所刻印的图书大多底本精良,刻工上乘,价格还比较低廉,因此他的刻本在当时本肆非常受欢迎,甚至出现了毛氏之书走天下的现象。

第四是明朝的藏书家们施行公益善行,开始建设地区性公益图书馆,对外开放借阅,嘉惠四方乡人。邱浚和潘曾纮是这类私藏家的典型代表。邱浚在年少之时由于家贫,热爱读书的他经历了艰难的借书之路, 致使他立志成才后要为乡邻后生修建一座便于借阅的图书馆,他说:“某也幸,他日苟有一日之得,必多购书籍,以庋藏于学宫,俾吾乡后生小子,苟有志于问学者,于此取资焉,无若予求书之难,庶几后有兴起者乎!”他的这个宏愿最终得以实现, 也使他成为中国古代历史上首位提出以个人力量兴建公共图书馆的思想的人。 潘曾纮追随邱浚,以他为榜样,也提出了类似的思想, 潘曾纮说:“古人孔无所表见而著书?吾辈爱书,拥而不使之传,亦岂真爱?今而后宜于郡之藏书,而不一借者为诫。”

明朝的私藏家们把藏书的开放互借上升到了理论的高度,形成私人藏书界系统化的理论体系。私藏家曹溶是第一个将私人藏书开放思想归纳成为一种较完整的方法论的人,《流通古书约》是他的代表作。书中将藏书家之间的图书互换方式做了论述,具备了馆际互借的系统化理念。其中他认为古书善本应该流布于世,不应该被秘藏于阁中,还分析了对外借书之难的原因,循序渐进地提出了解决馆际流通的方法:抄写法与刊布法,并且还为此设定了相应的条件。虽然曹溶的思想理论有一定程度的理想化倾向,但仍然不失为一种理论构想,而且对指导实践有一定的借鉴意义,为推动中国古代藏书事业向科学化方向发展做出了重要的贡献。

明朝的藏书家们于借鉴前人经验和自己的亲身实践中,不断完善着自己的藏书思想,甚至从哲学高度进行理论总结。藏与流、公与私、聚与散本就是对立统一的,保守的藏书家只认识到这种哲学的对立,所以坚持以聚为藏,以私为藏。而明朝大多数的私藏家们已经认识到对立之中的统一,辩证地解决了藏书中的许多矛盾问题,形成辩证的开放与公益的思想。当时的私藏家姚士璘就说:“以传布为藏,真藏书者矣。”胡应麟则认为:“聚必会散,盛必会衰。”徐也则坚持“传布为藏”。这些私藏家以辩证的哲学理论作为支持,致使他们的藏书实践活动更加开放先进,从而也为后世图书馆学开放思想的形成奠定了基础。

明朝的私人藏书家

吴宽

吴宽，江苏苏州人，自小喜好读书，文章写得很好，书法写得更好，到了青年时期便已颇负盛名，被赞誉为吴中文士第一人。吴宽于成化八年(公元1472年)连中会元、状元，被朝廷授翰林院修撰。他不但学识渊博，而且为人敦厚，成为后来孝宗弘治皇帝的指导老师。孝宗当政后，吴宽便被升迁为左庶子，很快又升迁为少詹事兼侍读学士。弘治八年(公元1495年)被擢升为吏部右侍郎，兼做后来武宗正德皇帝的老师，又于弘治十二年（公元1499年)升为礼部尚书，而且继续兼任原有的官职。所以吴宽一生为官可谓顺风顺水，受到皇上和官员们的普遍尊敬，威望极高。

吴宽首先是位大书法家，擅长正楷行草，对随后进入书法界的祝枝山、文徵明、唐伯虎等人，产生的影响很深，是吴门书派的开路人。吴宽著有《匏庵家藏集》《书经正蒙》等书法作品，其中《种竹诗卷》《题赵孟頫重江叠嶂图诗》和《为唐寅求情札》是他的书法精品。吴宽更是明朝时期著名的藏书家，家中所藏古籍善本非常多，他为其藏书编撰有《丛书堂书目》一卷。吴宽原有的府邸在现今苏州怡园一带，据说曾经府邸门前的小巷名修竹巷。吴宽于弘治十七年(公元1504年)逝世，当时苏州的知府林世远为了纪念他，便将修竹巷改名为尚书里，这条巷子直到今天还在沿用此名。

苏州自古风景秀美，文化繁盛，名人辈出。吴宽受家乡人文环境的熏陶，好学上进，很小便以诗词、书法闻名乡里，而且他宽厚仁义，孝顺父母，人缘特别好。他年轻的时候，有一家富豪听说吴宽很有才华，便聘请他为馆师授教儿孙读书写字。富豪家有一个小女儿，年方十六，她看见吴宽不仅一表人才，而且才华横溢，便开始偷偷地喜欢他，每天早晚都会为吴宽精心烹制一碗肉羹，遣身边的丫鬟送去。吴宽得知小女儿的心意后，便毅然托词离开了富豪家，而且为了保住小女儿的名节，他一直把此事深埋心中，直到晚年听说富豪家的那位小女儿已经去世了，才向儿孙提及此事。他心性宽厚，不爱与人计较，曾经有一个同乡因为一个误会一直怨恨于他，吴宽有一次偕夫人出游时，这位同乡便跟在他的车骑后面大骂不止，吴宽却像没听见一样，心平气和地坐在车上继续前行。这位同乡大骂一通没消气，居然又跑去凿去了吴宽为苏州府府学题写的碑文。官府追查此位同乡时，吴宽便为他求情说："算了吧，本来我那篇文字也写得不怎么样，凿去也无妨。"

吴宽虽然后来做官一帆风顺，但他的科举之路不是那么顺利，曾经也有落第。吴宽于宪宗成化八年(公元1472年)二月终于考中会试第一名。按科举成式，三个月后举行的殿试，吴宽又以一道出众的时务策，一举夺得第一甲第一名的桂冠。从此他步入仕途，且成为两任皇太子的指导老师。孝宗是位励精图治的好皇帝，但是他的儿子朱厚照不学无术，吃喝玩乐，又有刘谨等奸宦在朱厚照身边纵容他游玩。吴宽作为朱厚照的老师，头疼至极，但他只有教导之责，无训斥之权，无奈之中他只得和同事们一起上疏孝宗,说:"东宫讲学,寒暑风雨则停,朔望令节又停,一年不过讲数月,一月不过讲几天,一天不过讲数刻。进讲时间少,辍讲之日多,岂容再以别的事来妨碍诵读。古人八岁从师,即宿于外,无非是想去掉孩童习气,亲近正人君子。老百姓都这样,况且皇太子!"孝宗非常欣赏吴宽的耿介作风,欣然接受他的进谏,开始亲自督导太子读书。可惜孝宗于弘治十八年(公元1505年)五月六日病死,皇太子朱厚照即位,仍然荒淫无度,整日与奸宦刘瑾等人吃喝玩乐,不顾国政民事,并且疏远吴宽。吴宽虽然众望所归,但终身未能进入明朝的政治中心内阁,最后带着遗憾老死在礼部尚书任上。武宗诏告天下,赐赠吴宽为太子太傅,谥号文定,葬于苏州吴县(1995年撤销)的木渎花园山上。

吴宽的诗词造诣很高,所赋诗词,不事雕琢,意味隽永,如欧阳修一样纡徐,韩愈一样老成。《赋黄楼送李贞伯》:"维河有源星宿同,鲁河积石思神功。浊流汗漫失故也,积石却与澶渊通。平郊脱辔万马逸,一夜径度徐州洪。徐州太守苏长公,夜呼卒伍登城墉。一身未足捍大患,岂无木栅兼竹笼。戏马台等二十里,筑堤横亘长如虹。高城不漫三版耳,挽回鱼鳖仍耆童。防河录成天有工,黄楼高起城之东。五行有土可制水,底用四壁涂青红?太守登楼宾客从,举杯酹水临长风。河伯俯首受约束,不敢更与城争雄。水流滔滔向东去,纡徐演漾殊从容。负薪投璧竟何用,汉家浪筑宣房宫。自公去后五百载,水流无尽恩无穷。我生慕公公不逢,安得置我兹楼中。颍滨淮海独何幸,留得两赋摩苍穹。凤池舍人今李邕,南行别我何匆匆?此邦万灵日凋瘁,赖尔继续前贤踪。暇日登高倘能赋,封题须附冥飞鸿。"这首诗是他的代表作,写得意境横飞,苍劲老拔。吴宽的词也倍受世人称道,《采桑子》:"纤云尽卷天如水,芦荻风残,松竹霜寒,更着前溪月满山。画船红烛金尊酒，子夜歌阑。缓吹轻弹，得意人生且尽欢。”他的得意与失意尽现词中。吴宽的书法也写得很好，作书姿润中时出奇倔，虽然师从苏东坡，但是自我心创溢然书中。吴宽一生识广博学，喜好写题跋，这样的墨迹有《种竹诗》《题赵孟頫烟江叠嶂图诗》等精品。其中，他书于弘治七年(公元 1494 年)的《种竹诗卷》是他的代表作。这一年，吴宽已经六十多岁了，意气风发之时，用行书写了这幅长卷，纵有二十八点二厘米，横有五百八十二点六厘米，这幅纸本墨迹现收藏于上海博物馆藏，作品初看有苏轼面目，然字里行间实蕴藏着晋人遗风。吴宽的书法下笔丰腴，字势略扁微欹侧，但并没有像苏轼字欹侧那样重，而且有的字略向左倾斜，字与字间遥相呼应，字字痛快利落，内含筋骨，意态浑然。吴宽在书法上见解独到，认为书者应该能诗能文，若非此，则一眼便能看出书中俗气，仅是一个书匠而已，实不可取。

吴宽更是当时名副其实的状元藏书家，他一生喜好藏书、抄书，藏书以抄本为主。《静志居诗话》记载：“是时吴中藏书家多以秘册相尚，若朱性甫、吴原博、闫秀卿、都玄敬辈皆手自抄录。匏庵遗书流传者悉公手录，以私印记之，前辈风流，不可及也。”吴宽的书法好，也喜好抄书，他的抄本多用红印格纸，版心有“从书堂”三字。后来清朝朱彝尊在康熙辛酉冬(公元 1681 年)的时候到吴中，看到有人拿着吴宽手抄本出售，抄本书法精妙，卷首识以私印，抄本价卖三十金。可见吴宽的抄本书弥足珍贵，价格不菲。叶德辉在《书林清话》中回忆说，自明以来，藏家最重视并争购的抄本，首列吴抄。吴宽自己亲自抄写的本子有《尊前集》两卷、《大唐传载》一卷、魏嵇康《嵇中散集》十卷、晋陆云《陆士龙文集》十卷、晋嵇含《南方草木状》三卷、晋郭璞《山海经传》十八卷、《穆天子传注》六卷、《孟子注疏解经》十四卷、《墨子》十五卷、唐独孤及

《毗陵集》二十卷、唐皇甫湜《皇甫湜文集》六卷、唐方干《元英先生诗集》十卷、唐韩偓《韩内翰别集》一卷、唐王建《王建诗集》一卷、宋赵与时《宾退录》十卷、宋刘忠恕《裔夷谋夏录》两卷、宋苏辙《苏黄门龙川略志》十卷、宋苏籀《栾城遗言》一卷、宋米芾《宝晋英光集》六集、宋苏舜钦《沧浪集》十五卷、宋柳开《河东先生集》十六卷、宋敏求《春明退朝录》三卷、宋王巩《甲申杂记》一卷、《闻见近录》一卷、《随手杂录》一卷、宋董逌《广川书跋》十卷、宋刘国器《纲目分注发微》十卷、宋李石《续博物志》十卷、《灵草通玄秘要》一册、宋洪适《隶释》二十七卷、宋赵明诚《金石录》三十卷、宋史绳祖《学斋占毕》四卷、宋魏了翁《鹤山渠阳读书杂抄》《经外杂抄》、宋罗大经《鹤林玉露》十八、宋程卓《使金录》一卷、宋范成大《石湖居士文集》三十四卷、宋李之仪《姑溪居士文集》前集五十卷后集两卷、宋张之干《芦川词》两卷、元朱思本《贞一斋诗文稿》两卷、《贞一斋文稿》十卷、元周巽《性情集》六卷、朱元璋《明太祖文》、明宋濂《箩山杂言》一卷、《诸子辨》一卷、明陈颀《闲中今古》四卷、明陶安《辞达类抄》十九卷、明方凤《夷俗考》一卷、《物异考》一卷、明镏绩《霏雪录》两卷、明陶宗仪《说郛》三百三十二种以及《经济类编》三十五卷。这些抄本都藏入吴宽自家的丛书堂。

吴宽一生的著述也很丰盛,现今流传下来的有《家藏集》七十卷等,文笔精湛,文章和平恬雅,有鸣銮佩玉之风。但是后来,由于种种原因,吴宽丛书堂的藏书逐渐流散出去,毛晋的汲古阁所得丛书堂的旧抄最多。

丰坊

丰坊(公元 1492—1563 年),明朝中期著名的书法家和藏书家，字人叔，一字存礼，晚更名为道生，更字人翁，号南禺外史，浙江宁波人。

丰坊是藏书巨擘，中国现存最完好的古代私家藏书楼是范钦的天一阁，天一阁藏书的一个重要来源便是丰坊的藏书。丰坊是明朝中期私人藏书的杰出代表，他的万卷楼藏书丰盛，聚书达五万卷之多。据牟玉亭在《中国古典文献学》中考证说："(范钦)借长期收藏而作伪。明代大藏书家范氏有很多珍贵书籍，但他偏要添造一些假的，如《子贡》《易传》《子夏诗传》《申培诗说 》等。"而事实上这些"伪书"并非范钦自己所为，而是丰坊所作。丰坊的万卷楼形成藏书规模之时，范钦的天一阁还未建立。丰坊为自己的藏书刻的藏书印就有丰氏人叔、丰氏人季、人翁、天官考功大夫、碧玉堂下吏等十多种，由他的藏书印之多也可想见他当时的藏书盛况。

丰坊丰富的藏书，首先来源于祖上相传，累世积聚，代有所增。丰氏家族的藏书从北宋时代就开始了，丰氏家族是宋代时期宁波的四大望族之一，以名德清节享誉士林。丰坊的祖先丰稷是宋朝嘉祐四年(公元 1059 年)的进士，先后任过古城县令、御史、著作左郎、刑部侍郎兼侍讲、左谏议大夫、御史中丞，最后遭到蔡京的排挤，官职越降越低，直至罢官归里。丰稷的一生除勤政为民外，即"以枢密之贵，独处一室，恬无他好，惟以图史自娱"。丰稷也是丰氏家族万卷楼的首创者。丰家发展到明朝时，丰坊的祖先丰寅扛起了丰氏家族的大旗。丰寅字复初，是明朝洪武时期的国子司业、明朝建文中的官教谕。他一生喜好收藏图书典籍，使丰氏家族的藏书越聚越多。丰氏的万卷楼藏书，从丰稷算起到丰坊这一代，传承十六代，有四百七十年的历史，成为中国历史上传承最久的家族藏书之一。期间，因为家族的搬迁漂泊，丰家藏书历经沧桑，一波三折，但是他们始终固守藏书之志，累代相传、薪火不绝，终到丰坊这一代，丰家成为享誉海内的藏书大家。

其次是丰坊自己购买图书集聚。丰坊于明正德十四年(公元1519年)中解元，于嘉靖二年(公元1523年)中进士，被明朝政府授予礼部主事的官位，第二年因跟随他的父亲一起反对立嘉靖皇帝的父亲为太上皇的事件，惹怒皇帝，遭受廷杖，随后被降为南京吏部考功司的主事，很快又被降为通州的同知，最后干脆官职全部被免，此后，丰坊在家乡定居长达十一年之久。丰坊在做官期间开始留心收购所能见到的古籍善本，被罢职返乡之后，在其祖辈藏书基础上开始大兴土木，修建了一个规模不小的藏书楼，仍以万卷楼命名之，以显示他家的藏书之丰。丰坊雅兴极大，在万卷楼的庭院中添置奇树怪石，藏书楼的书香气息更浓。丰坊的一生可谓爱书如命，藏书成癖，他喜好收藏宋元两代珍贵的刻本、抄本书和碑帖，尤其嗜好集聚碑帖，为了买下法书、名帖、古籍，古碑刻等珍物，不惜变卖了千余亩祖传田产。他所藏法帖书迹非常丰富，其中书法类文献占收藏的十之八九，有唐石刻、宋石刻、元石刻、明石刻，魏法帖、晋法帖、唐法帖等，可谓种类繁多。随着名家名帖的收藏，丰坊的书法造诣也愈加深厚起来，世人送他雅号，称他为书淫、墨癖。而书法类的文献便构成了万卷楼的藏书特色。

第三是丰坊自己造作伪书，以此来丰实自家的藏书。丰坊本人著有《书诀》《童学书程》《真赏斋赋》《古书世学》《诗说》等书，他造作的被证实为伪书的有《春秋世学》《鲁诗世学》《尚书》等。为了显示他的藏书丰富，丰坊是不惜成本地进行造假活动，也算给万卷楼的藏书增添了不少色彩。《鲁诗世学》一书就是丰坊假借鲁诗之名的伪作，他把《诗经》原有的编排次序全部打乱，刻印了单行本《诗传》《诗说》,在《召南》之后加入《鲁风》部分,擅自把《豳风》和《鲁颂》归于这一类中,还将《鄘风》的《定之方中》改名为《楚宫》,也归入《鲁风》之中,而把《鲁诗世学》中《鲁风》删去不用,把《郑风》中原排在十五位的《国风》排到了第十二,把《雅》编排入《风》中,次第颠倒的简直数都数不过来。其实丰坊的诗学造诣不怎么高,所以他的《鲁诗世学》很快就被学者划定为伪书。而且,丰坊自己谬做了《河图》石本和《大学》石本,还说这是他的祖先清敏公从北宋的皇家藏书秘府中得到的。丰坊自己还谬做了朝鲜的《尚书》,谎说是他的曾祖父丰庆从译馆得来的精品。丰坊的这种伪作行为被世人讥笑,被称为贻笑儒林、欺罔后学。不过,丰坊编造伪书的行径在一定程度上充实了万卷楼的藏书规模,万卷楼藏书又多了一大特色。而且,值一提的是,丰坊在篆、隶、行、草、楷等各种书体上造诣还颇深,他经常利用自身深厚的书法功底仿制历代名家真迹,简直可以以假乱真。他的这种书法作伪行为,一个体现在他临摹家藏古碑刻来作伪,另一个便是他利用别人请他撰定法书之便,以伪易真。后来,吴焯在《绣谷亭薰习录》中评价丰坊说:"其著述未免欺人,其翰墨洵可传世也。"也算是对他一定程度上的中肯认可。丰坊留传后世的书迹作品比较多,有《唐人诗屏》《谦斋记卷》《秣陵七歌册》和《唐诗长卷》等 。唐兰先生考证认为, 现藏北京故宫博物院中的冯承素兰亭应该也是丰坊的书法伪作之一。丰坊的书法伪作之书自然也成为他万卷楼的藏书来源之一。

丰坊的万卷楼藏书,无论就藏书数量而言还是就藏书质量而言,在中国古代私人藏书史上占有一席之地。但丰氏的万卷楼最终也同中国历史上众多的藏书楼一样, 难逃图书典籍散佚的命运。从丰坊最后一次把藏书卖给范钦的天一阁的时间推断,万卷楼的藏书在明朝的中后期就已经流散殆尽了。丰坊的藏书首先被人偷盗去不少。丰坊晚年的时候罹患重病,对于他的那些藏书的管理已经无能为力，所以他的一些品德不佳的门生和邻居开始偷拿万卷楼中的藏书出去卖。万卷楼藏书中许多的宋椠和珍贵的写本就以如此方式流散了。没过几年时间,丰坊全部藏书的十之六七被人偷盗了去。万卷楼所剩的那些藏书后来又遭遇了一次火灾。

火灾是中国古代历史上许多藏书楼遭遇过的厄运,丰氏的万卷楼也难逃此劫。有一次,丰坊和好友范钦晚上在他家饮酒,两个人都喝醉了,灯烛熄倒时点燃了蚊帐,最后又蔓延到万卷楼,损失之惨重可想而知。经历了这场火灾,丰坊已然万念俱灰,最后他把万卷楼中仅剩的那点残书全部卖给了范钦。丰坊和天一阁的主人范钦关系非常要好,两个人相互倾慕,视为知己,彼此情义深厚,来往密切。范钦尤其赏识丰坊的书法,他们二人今天在万卷楼,明天又在天一阁,聚在一起考校古籍,鉴别版本。面对门生的偷窃和火灾的厄运，丰坊最终决定在自己离世之前将万卷楼幸存之书和月湖碧沚旧宅一并售予范钦。

丰氏的万卷楼前后算来有四百多年的历史,虽然最终还是化作灰烬,但它曾经为充实天一阁的收藏做出了贡献,成就了天一阁“人间庋阁足千古,天下藏书此一家”的美誉。而且,万卷楼存在时,它的主人所倡导的“藏书守道、敬惜字纸”等思想至今仍值得我们后人学习。

徐𤊹勃

徐𤊹勃(公元 1570—1642 年),字惟起,号兴公,别号三山老叟、天竺山人、竹窗病叟、笔耕惰农、筠雪道人、绿玉斋主人、读易园主人、鳌峰居士。徐𤊹从小喜爱读书，博雅多闻，但他参加完童试后，即摒弃了科举出仕之路，跟随兄长作诗赋词，终身为布衣，洒脱不羁。徐𤊹最早与赵世显、邓原岳和谢肇淛等人结成芝山社，经常在一起唱酬应和，世称芝山诗社。徐𤊹作诗赋词典雅清稳，没有受当时盛行的公安派和竟陵派的影响，诗中全然没有粗浮浅俚的习气，和曹学佺一同被视为闽中的诗坛领袖，是兴公诗派的领导者。

徐𤊹学识渊博，尤其在诗学上造诣很深，所著《笔精》中一半以上皆是论诗之作。他也喜欢搜奇访古，写有不少吟咏各地名胜古迹的诗篇。徐𤊹也是明朝时期著名的藏书家，毕其一生都在求书与藏书，他喜好收藏宋朝和元朝的秘本珍籍。而他一生最大的贡献也在于图书的收藏与校勘上面，他尤其擅长图书的校勘工作，曾把自家的藏书辑录成为《徐氏家藏书目》的目录书。徐𤊹也喜欢钻研方志学，对各种乡邦文献非常熟悉，一生竭力收藏各种方志文献。他也曾参与过各种方志的编纂工作，编过建阳、延平和福安的县志，还曾三次参加修纂《福州府志》，与谢肇淛一起修撰有《永福县志》《雪峰志》《鼓山志》，《武夷志》和《榕城三山志》也是他修撰的。徐𤊹一生勤于著述，作品非常多，著有《红雨楼集》《闽画记》《荔枝谱》《榕阴新检》《笔精》和《鳌峰诗集》等五十多种作品。

徐𤊹自述自己的藏书来源是“撮其要者购之，因其未备者补之，更有罕睹难得之书，或即类以求，或因人而乞，或有朋旧见贻，或借故家抄录”。其实他首要的藏书是来自他父亲和兄长的遗留。徐𤊹的父亲名相昂，字子瞻，号少坡，是嘉靖四十四年（公元 1565 年）的贡生。徐相昂曾任过南安的训导、茂名教谕和永宁的县令，生前喜欢收藏图书典籍，拥有徐相昂之印和徐相昂私印等藏书印。徐𤊹的兄长徐熥(公元1561—1599年),字惟和,别字调侯,明朝万历十六年(公元1588年)的举人,与徐𤊹于当时同有才名。徐熥尤其擅长填词,著有诗词十五卷以及文章五卷。他和弟弟徐𤊹于万历年间在鳌峰坊修建了红雨楼、绿玉斋和南损楼三处藏书之地,他自己也拥有徐熥私印、惟和、徐熥真赏和徐熥藏书等藏书印。徐熥和他的父亲最后把他们的藏书都传给了徐𤊹。

徐𤊹的藏书来源之二是自己费尽苦心购买的。他有一段时间四处漫游去求购自己喜欢的各类图书典籍,他曾于明朝壬辰年(公元1592年)、乙未年(公元1595年)和辛丑年(公元1601年)三次前往吴越地区大量收购图书,到图书市场发达的武林地区的次数更是多到难以数清的地步。徐𤊹一生交友非常多,他生性雅致,一边旅游访友,一边留心书肆。江浙的吴兴、武林、吴门和钱塘等地在古代历史上是藏书重地,徐𤊹在这一带淘到了许多的善本和佳本。明朝时期的福建建州地区是刻书的中心,徐𤊹也曾多次前往建州购书,他在这里购得了很多杨荣的藏书以及《王半轩集》《陈子上存稿》和杨荣子杨让所藏宋淳熙本《左传》。他从杭州的书肆中购得《麻衣先生易髓》,从秣陵的旧书肆中购得《瀛涯胜览》。

徐𤊹的藏书来源之三是朋友赠送。他到洪都看望喻宣仲,待了十多天,临走之际,喻宣仲把《金陵梵刹志》赠送给了他。曹能也是徐𤊹的朋友,到蜀中做官后,先寄给徐𤊹一本《蜀草》,后来又寄给他《峨眉记》和《蜀中诗话》,最后还寄给他一本《画苑》。叶振父和徐𤊹一生交好,见到《姬侍类偶》这本书后,抄录完毕汇订成帙,赠送于徐𤊹。徐𤊹很钟爱《艺文类聚》这部书,但他得到的一百卷中缺了四册,徐𤊹“每有查考,辄恨其摧残非完书也”。后来他有幸在官贤坊内的小书铺中又买回几册，还缺的一册是他的朋友林志尹无意中看到了买下来送给他，才补齐了全书。徐𤊹在朋友谢在杭的书斋中看到《栟榈集》的首帙，便从谢在杭那里乞归回来，自己费尽心思最后补全合订。被徐𤊹以如此方式补全的残书很多，正是他这种不断搜求的精神才使得很多图书残部得以完璧。徐𤊹一生嗜书如命，看到心爱的图书典籍时很能放得下面子，直接向朋友开口索求，《寒山子诗集》这部书就是他从朋友瀚上人那里再三恳求得来的。他听说金陵出版有《张无垢集》，便向朋友林夷侯写信索要。朋友曹学佺到四川做参政官时，他就写信给曹学佺请求寄予他《四川通志》。

徐𤊹藏书的来源之四是自己亲自抄写所得。《陈后金凤外传》是王永启从一户农家中无意搜到，徐𤊹听说后，就借过来自己抄录了一本。他从焦太史那里借得《唐沈下贤文集》后，自己一个人抄不过来，就让他的仆人帮他抄录了下来。徐𤊹到秣陵后，看到他的朋友郭圣仆有宋版韦诗一帙，就借过来让仆人帮他抄录了一份。徐𤊹无意中得到一部宋版的《松陵集》，每卷首尾都被损坏了，自己还觉得如获至宝，让他的儿子帮他最后抄补成书。徐𤊹很欣赏唐朝的女诗人薛涛，得到《薛涛诗》后，自己亲自手抄笔录，以备讽咏。徐𤊹于万历三十四年(公元1606年)到金陵游玩时，由汪仲嘉引荐借得赵明诚的《金古录》，自己马上抄写下来，还特别有兴致地做了题记。徐𤊹还从一座寺庙的尘埃中拾来了一些书，其中有《释宗泐全室集》。

徐𤊹历经数十年对图书典籍穷搜苦访，到万历三十年（公元1602年）的时候，他的藏书总数已经达到五万三千余卷，于是他为自己修建了一座藏书楼，名为红雨楼，把自己的藏书存放了进去。后来他又在红雨楼的南侧修建了另一座藏书楼绿玉斋，在绿玉斋后面的绿林中又修建有宛羽楼和清晖阁两座藏书楼，其中宛羽楼是朋友曹学佺为徐烟勃构筑的。所以，徐烟勃有四座藏书楼：红雨楼、绿玉斋、宛羽楼、清晖阁。在徐烟勃最后那段岁月里，他仍然在不断地收集图书典籍，最后他的藏书达到七万卷之多。

徐烟勃的藏书不仅数量颇多，而且质量很高，他的总的藏书处所称为鳌峰书舍，里面所藏很多都是秘本奇篇，其中以宋朝和元朝的秘本偏多。徐烟勃的藏书大多经过自己亲手编校，他还为自己的藏书编撰有书目，以甲乙次第排序，有的残缺之书历经几年或十几年才被他苦心配齐，亲手粘补，重新装潢，有的书则千方百计请到一些当世名家给予批点，有的书虽然自己亲手校勘过多次，仍发现有讹误之处便重新请人用善本重校。徐烟勃本人精于考证，他所藏之书大多自己都亲自点墨施铅，撰有序跋，最后总编为一部《红雨楼题跋》。《红雨楼题跋》和《徐氏红雨楼书目》是徐烟勃编撰的两部关于自己藏书的著作，其中《红雨楼题跋》原为一卷，收在《红雨楼集》中，一直未出单行本。后来清朝的郑杰始搜集到这部书后出版发行，是为郑刻本。清朝末年的时候，缪荃孙重新编辑了《红雨楼集》，将其分成两卷出版，民国时，学者赵诒深又根据缪荃孙重编的写本刻印，并做了补辑，成为今天通行的版本。所以，后来《明代书目题跋丛刊》中收录的《重编红雨楼题跋》是根据赵诒深的本子影印的。在明朝之前，藏书家们很少对自家所藏图书做题跋，所以徐烟勃的《红雨楼题跋》便成为版本目录学进一步成熟的标志，对清朝版本目录学的兴起有直接的开启作用。

徐烟勃的家藏书目有两种版本，一为《红雨楼书目》四卷，徐烟勃把他收藏的书籍按四部法分类编成书目，不过值得一提的是，他的著录方法裁篇别出，虽然编撰目录时采用了《通志·艺文略》和《文献通考·经籍考》的四部分类法，但小类和子目则有自己的编排成果，经部之下有易和书等十三类，史部之下有正史和旁史等五类，子部之下有诸子和传奇等十八类，集部之下有集类和总集等九类。其中集类指别集，之下又按朝代分目。另为《徐氏家藏书目》七卷，是刘燕庭味经书屋的抄本，《明代书目题跋丛刊》收录的就是这个版本。这部目录书也按四部分类，经部之下有易和书等十三类，史部之下分正史、本朝史类和各省杂志等三十二小类，子部之下分诸子类和释类等十八类。《徐氏家藏书目》与《红雨楼书目》四卷本相同，集部分总集类和别集类等，但是目录数量远远超过了四卷本。所以，后来清朝的谢章铤钦赞徐烟勃：以博洽闻，插架甚富，丹铅历录，至今流传为世宝。

徐烟勃的藏书特点比较突出。第一，他收藏的本朝的集部书比较多。对待这批藏书，他校勘时，对作者的简历著录得比较详细，而且所收集的版本以善本为多，成为后来学者研究明朝艺文方面的宝贵资料。第二，他收集的地方志图书比较多。他一生收集总志和各省、县志有三百四十八种，包括山志、书院志和寺志等专志，其中有八十八种是他家乡福建的方志。徐烟勃所藏的方志现今留存下来的只有五种：冯梦龙的《寿宁县待志》两卷，《山阴县志》十二种，《徐州志》十二卷，沈明臣的《通州志》八卷，《福州正德志》四十卷。第三，他收集著录文艺方面的图书比较多。他一生收集子部小说类图书五百五十九种、元明杂剧和传奇一百四十种。其中子部类艺文图书是徐烟勃藏书中较为齐全的部分，仅比黄虞稷的千顷堂的藏书稍差一点，但他的藏书里面有许多宋元的刻本和抄本都是十分珍贵的善本书，别的藏书家难以相比。另外,徐𤊹还喜欢收藏碑帖,他自谓本人见过的金石刻是当时最多的一个人,他藏蓄有很多的碑帖,也颇大气地经常向外人借观。他的藏书印有绿玉山房、闽中徐惟起藏书、晋安徐兴公家藏书、宛羽楼和汗竹巢,现今在福建师范大学的图书馆中还收藏有徐𤊹的藏书印:徐𤊹之印、鳌峰清啸、闽中徐惟起藏书和徐氏兴公等。

除了嗜好藏书,徐𤊹对自家藏书的利用极勤,他一生都在实践着一藏、二读、三校、四著述的活动。

首先他对自己所收藏的图书典籍亲自书写序言,书后还加写跋语,并对书的内容和笔法等加以品评。朱彝尊在《静志居诗话》中如此评价徐𤊹:"兴公藏书甚富,予尝见其遗籍,大半点墨施铅,或题其端,或跋其尾,好学若是,故其诗典雅清稳,与惟和足称二难。" 后来清朝的藏书家郑杰也赞叹道:"兴公题跋最精确。" 徐𤊹也在自己的《藏书屋铭》中这样说自己:"考核颇精亥豕。"徐𤊹在辩证《严沧浪集序》的谬误时认为里面说的"咸淳元年进士"应该为"咸淳四年",在《黄秋声集》书中把《危素墓碑》增加了进去,为邓潜的跋补增加杂文三十多篇,改正《蔡君谟集序》书中的谬误,认为忠惠应该是熙宁和庆历年间的人,认为《林和靖集》书中是误收了《省心录》等,由此可窥他治学严谨的态度。

其次,徐𤊹一生著述非常丰富,他除了编撰有《红雨楼家藏书目》,还著有《红雨楼题跋》和《笔精》等。《笔精》是徐𤊹随笔考订经传、史志、诸子和诗古文辞等的札志,包括《诗诂》四十则、《诗订》三十七则,都是关于各家诗作中有关文字、史实、名物解释和名物校勘方面等问题的评述。而且,徐𤊹在《笔精》中还通过叙述聚书十难、保守书籍、藏书和借书等来论述藏书之难。他还提出了“传布为藏”的藏书观点，认为“传布则毫楮间自有递相传布之神理”，还总结出把藏书借给别人阅读的好处：读者要寻查的内容，自己也可以随时记下，并能经久不忘；读者翻阅了久久不动的书，有利于防止虫害；能因给读者查找图书，趁机整理藏书，以防养成懒惰的习惯。所以徐烟勃不像其他那些把善本秘籍当作古董、藏而不传的书蠹型的藏书家，他一生持有反对只守不借不传的藏书态度，对于来他家借书的读书人，不仅乐于借阅，而且还设几供茶，以礼相待。由于他所藏多是罕见珍本，本人又热情好客，所以生前有很多文人雅士慕名前来阅览他的藏书。徐烟勃不仅借书给他们，还同他们一起谈经论道、索目考纲，切磋学问，这也成为他人生中的一大快事。后来，徐烟勃的家道渐渐中落，但他仍然认为“来借者，或蓄疑难，或稽异同，或补遗简，或搜奇秘”，“而贤哲著述，以俟知者”，仍然尽自己的一切可能接待这些读者，以致到最后不得不典卖家中的物品来款待客人，而且自己还做到不露声色，被世人称赞为穷孟尝。等到徐烟勃暮年的时候，因为子孙不肖，不断变卖家产挥霍，最后徐家不得不沦落到以折瓮卖钱为生的境地，生活更加贫困潦倒，但徐烟勃不改藏书之嗜，仍然以集聚图书典籍为乐。

徐烟勃所收藏的图书典籍，在他还在世的时候就开始逐渐流散了。徐家家道中落以后，虽然以折瓮卖钱为生，但仍经常面临入不敷出的状况，为了维持生活之计，徐烟勃把《廿一史》卖掉换了米。徐烟勃一生对书痴迷，晚年沦落到变卖藏书来度日，可以想见他当时的痛苦心境。后来雪上加霜，徐烟勃的藏书又遭遇了偷盗，被人盗去了很多，给他的打击很大，不久，徐烟勃一病不起，很快与世长辞。徐烟勃过世之后，他的儿子徐存永和孙子徐钟震善能守书，虽然经历了明朝末年的战火，但到清朝顺治初年时，徐家所剩的藏书依然安然无恙。但等到了康熙初年的时候，徐家连田园也尽失了，更别说藏书。据说，清朝的藏书家蒋玢家有徐氏的藏书，“林正青得鳌峰徐兴公遗书五十余种”，郑杰也得徐烟勃汗竹巢、绿玉斋、宛羽楼、红雨楼藏本十之二三，黄虞世也有徐烟勃的家藏秘本。时代发展到今天，北京、上海、福建、湖南、日本等地都能看到印有徐烟勃藏书印的书，可见徐烟勃所藏图书流散之广。

范钦

范钦（公元1506—1585年），字尧卿或安卿，号东明，浙江鄞州区人，明朝著名的藏书家。范钦于嘉靖十一年(公元1582年)中进士，时年二十七岁。从此他步入仕途，到湖广的随州担任知州，很快升为工部员外郎，但不久就因为忤逆武定侯郭勋被廷杖下狱。出狱后到江西袁州府任知府，又被擢升为广西参政，转为福建按察使、云南右布政史和陕西左使，接着迁升为副都御史，最高官到未到任的兵部右侍郎。他著有《天一阁集》。

范钦的一生是酷爱藏书的一生，做官时每到一地，留心求访图书就成为他全部的业余爱好。范钦的藏书来源一部分是购买了丰坊万卷楼的藏书，另一部分是他在忙完政事后，亲自求访、抄写、版刻、著述得来的。范钦比较喜欢校订和刻印图书典籍，他一生刻印有二十多种书，有《乾坤凿度》《周易古占法》《周易略例》《周易举正》《京氏易传》《关氏易传》《麻衣道者正易心法》《穆天子传》《孔子集语》《论语笔解》《郭子翼庄》《广成子解》《三坟》《商子》《素履子》《竹书纪年》《潜虚》《虎吟经》《两同书》《新语》等。他所刻印的书后来被人总辑为《范氏奇书》。

范钦一生集聚的图书典籍很多，为了妥善保管这些藏书，他修建了一座藏书楼,命名为天一阁。天一阁初建成之时,阁前凿有乙池,院中环植竹木,但当时并未为藏书楼命名。后来他在搜访图书时,搜到一块碑版,是吴道士龙虎山天一池的石刻,元朝揭文安公所书。范钦非常喜欢,觉得和自己的藏书阁凿池之意十分吻合,遂为自己的藏书楼取名为天一阁。天一阁的名称很有深意,《周易》诠释认为:“天一生水于北,地二生火于南,天三生木于东,地四生金于西,天五生土于中。阳无偶,阴无配,未得相成。地六成水于北,与天一并,天七成火于南,与地二并,地八成木于东,与天三并,天九成金于西,与地四并,地十成土于中,与天五并。”说白了就是天一生水,水能制火之意。范钦为自己的藏书楼命为此名,其实也是期待自己的藏书能免于火灾。当然,天一阁存在的四百年中真的幸免于火灾,可是它也饱经了风霜,曾经五次遭到劫难。明清交替之际,由于兵灾动乱,天一阁失去了藏书的十之一二。清朝乾隆年间,在编撰《四库全书》之时,征调了很多天一阁的图书典籍,最后承办者在还书时擅自扣留了一部分。清朝道光庚子年的时候,英国人进犯抢掠去一部分。太平天国运动之时又丢失了一部分。民国的时候,一次就被偷盗了一半以上的藏书。等到中华人民共和国成立后,天一阁所剩藏书只有一万三千多卷了。不过天一阁饱经沧桑后仍然幸存了下来,成为中国现存最早的私人藏书楼。

天一阁的藏书也是很有特色的。范钦在天一阁中藏有非常多的善本。范钦曾先后到江西、广西、福建、云南、陕西、河南等省份做官,在这些地方买到了很多宋、元和明时期的刻本、抄本,甚至还不乏孤本,非常珍贵。其中宋朝建阳的刻本《十七史百将传》、元朝李氏的建安书堂活字体《元诗前后集》和明朝弘治八年(公元1495年)的铜活字本《会通馆印辑补古今合璧事类》等都是极为罕见的奇珍异本。明朝一共开过八十九科的进士考试,天一阁中就藏有明朝洪武四年(公元 1371 年)首次开始的科考会试录和进士登科录,还藏有极为罕见的建文二年(公元1400 年) 的会试录和进士登科录以及自宣德五年(公元1430 年)至万历十三年(公元 1585 年)连续五十多科的会试录和登科录。明朝宣德五年(公元 1430 年)之前也只缺了十种。这些所藏的科举录中有一些还是明抄本,其中《宣德八年会试录》《成化二年浙江乡试录》和《永乐十二年福建乡试录》等就是手抄本。直到今天,天一阁中还留存有明朝科举录三百七十种, 占国内现存明代科举录总数的百分之八十,而且绝大部分是孤本。天一阁原藏其他方面的珍奇善本也很多,例如有由元朝左克明编撰的至正年间的刻本《古乐府》十卷,卷一的左下方还有“四明东明子参校”的珍贵题记,当然正文中也有范钦自己朱墨的批校和抄补。

范钦在天一阁中也收藏有各类方志图书。方志图书是中国古代地方官治世的重要参考文献资料,所以各省、府、州和县一般都编撰有方志图书。范钦对这类书籍很感兴趣,特别注意收藏,其中他所藏的由李凤纂编修的明朝刻本《正德云南志》、唐锦纂修的明朝刻本《弘治上海志》和管律纂修的明朝刻本《嘉靖重修宁夏新志》等都是十分罕见的善本。而在天一阁中的原藏以明朝地方志为多, 范钦所收集的明朝地方志有四百一十五种, 多于《明史·艺文志》的著录。迄今,天一阁中还留存有二百七十一种明朝地方志,其中光海内孤本就有一百六十四种,百分之七十以上是修纂于明朝嘉靖年间的地方志, 其中有一部分是明朝特有的棉纸抄本,都特别珍贵与罕见。嘉靖年间,由纂修《广东通志》的需要而纂辑的《翁源县志》卷末题记著录,当时没有刊印发行,只有“一样二本,一本附学立案,一本附县立案”,范钦就收藏有此抄本。嘉靖年间的《汀州府志》和《象山县志》,这两种地方志可以说是记载翔实的地方性百科全书，里面所记载的很多史实甚至在正史中都查不到。嘉靖年间的《雄乘》《吴邑志》《昆山县志》以及万历年间的《黄岩县志》都是关于治水的文献资料。隆庆年间的《赵州志》则是详细记载了隋朝时期修建的安济桥,嘉靖年间的《寿州志》则记载了淮南地区所修建的第一座桥的情况,这些是有关中国古代桥梁工程的珍贵历史文献资料。嘉靖年间的《许州志》中列有十多种匠人的称呼,隆庆的《临江府志》中有统计当地匠人的具体数字，这两本地方志为了解当时中国社会手工业发展的情况提供了宝贵的资料。嘉靖年间的《鲁山县志》《邓州志》《临朐县志》和万历年间的《郴州志》则是记载了当地的矿藏情况,其中《郴州志》中还有宋朝和明朝两代矿民的斗争以及最后禁闭矿场的经过的记述。嘉靖年间的《惠州府志》和《太平县志》则是记载了少数民族地区的某些风俗习惯以及少数民族起义的相关事件。隆庆年间的《潮阳县志》里记载了许多当地人们英勇抗倭的事迹以及海上贸易的情况。嘉靖年间的《鄢陵志》记载了嘉靖年间当地地震的情况。弘治年间的《宁夏新志》叙述明朝边疆的军事制度、政治制度和当地军民的生活状况。范钦的这些藏书都是极为珍贵的文献资料。

范钦还收集了一些属于内部资料的官书。嘉靖二十六年(公元 1547 年)颁行的《军令》一卷,内收有明朝张居正和霍冀等官员奏疏的《大阅录》两卷,这部书是于隆庆二年(公元 156 年)由明朝兵部印刻的本子,于嘉靖四十年(公元 1561 年)由明朝兵部颁发的《营规》一卷,同一年这部书被印刻发行。通判吴允裕于嘉靖三十四年(公元 1555 年)编撰的《宁波通判谕保甲条约》一卷,同一年这部书印刻发行。明蹇义编撰、乌丝栏明抄本的《吏部四司条例》三卷以及《考功验封条例》三卷。明朝南京兵部车驾司编撰的《船政》一卷,这部书属于嘉靖的官员印刻发行的本子;嘉靖三十八年(公元 1559 年)颁发的《工部为建殿堂修都城劝民捐款章程》一卷,同一年印刻发行,每页骑缝有明朝户部铃记的《户部集议揭帖》一卷,这部书属于明朝嘉靖年间的抄本。福建按察司提学副使朱衡于明朝嘉靖三十年(公元 1551 年)奉旨将学校卧碑奉到敕谕而誊写的《学政录》一卷,这部书由兴化府印刻发行。明朝户部于嘉靖二十一年(公元 1542 年) 议定的《漕运议单》一卷,属于蓝丝栏明抄本。明朝孙联泉于嘉靖三十一年(公元 1552 年)编撰的《军政条例续集》五卷,由江西臬司印刻发行。明朝余子俊于嘉靖五年(公元 1526 年)编撰的《余肃敏公经略公牍》一卷,属于明刻本。明朝佚名氏于成化弘治年间编撰的《条例全文》八卷,属于明抄本。明佚名氏编撰的《嘉靖新例》一卷,属于明乌丝栏抄本,等等。这些官书一般的藏书家不怎么关注也不愿意收藏,但范钦有独到的眼光。这些藏书后来成为研究明朝历史的极为罕见的文献资料。

范钦还收藏有繁多的碑帖,据统计“去其重复者,自三代迄宋元,凡七百二十余通”。其中著名的有北宋拓本《石鼓文》《秦封泰山碑》、汉朝《西岳华山碑》、明朝《万卷楼帖》和《义瑞堂帖》等,这些藏帖是研究明朝和明朝之前的书法篆刻艺术的珍贵文献资料。但是范钦所收藏的这些宝贵的碑帖在清朝中期之后很多都散佚了。

范钦不仅藏书,也为自己的藏书编撰有两个书目:《范氏东明书目》和《四明范氏书目》二卷。这两个书目根据经、史、子、集四部编排,但因很早就遭到亡佚,所以其中细目不大清楚,但据说这两部书目收有范钦原藏百分之九十以上的图书典籍。后来,很多学者慕名为范钦的天一阁编撰有不少书目，其中比较著名的有《四明范氏天一阁书目》四卷、《范氏天一阁书目》《天一阁书目》《四明天一阁藏书目录》二册、《天一阁书目》十卷、《天一阁见存书目》十二卷、《天一阁见存书目》四卷、《目睹天一阁书录》四卷、《重编宁波范氏天一阁图书目录》一册以及《鄞范氏天一阁书目内编》等。而属于范钦本人著作的则是《天一阁集》三十二卷、《明文臣爵谱》《革朝遗忠录》《范司马奏议》四卷一册、《拊掌录》《赋苑联芳》《贡举录》一册、《四明范氏天一阁书目》四卷、《烟霞小说》八卷、《古今谚》一卷、《歌谣谚语》一卷以及《汉书隽》。可惜后来这些书籍大多散佚了，今天能在天一阁看到的只有《天一阁集》《范司马奏议》《贡举录》和《歌谣谚语》了。

范钦对天一阁藏书的管理独树一帜，很有特点。

首先他规定代不分书、书不出阁。范钦为了保管好自己的藏书，煞费苦心，为子孙后辈制定了很多严格的阁禁，其中“代不分书，书不出阁”便是他家第一个藏书规矩。他要求藏书必须由范氏族中子孙共同管理，阁门和书橱钥匙分房掌管，非房齐集，任何人不得擅开。一旦违反此规者，一到三年内不许参加祭祖大典。如此规定很好地防止了所藏书籍的散佚。阁禁森严，致使一般人难登天一阁。据说后来嘉庆年间的钱秀芸因爱书而嫁于范家，却因范家有“书不出阁，女不上楼”的家规，终生未能一睹天一阁的藏书盛况。范钦活了八十岁，晚年之时为了防止藏书分散，便把家产分为白银万两和天一阁数万卷藏书两份。最后他的长子范大冲继承了天一阁。范大冲为遵奉父亲“代不分书，书不出阁”的遗训，又为自己的儿孙制定了藏书规矩，还曾专门拨出一部分良田的田租来护养天一阁。天一阁直到今天还保存完好，无疑与范家良好的藏书管理制度和范氏子孙的孝贤有关。

其次，范钦用以水制火、火不入阁来保护藏书楼。我国历史上藏书楼毁于火灾的事例不胜枚举。中国古代历史上太多的藏书楼毁于火灾，范钦又亲眼看见了丰坊的万卷楼触目惊心的火灾，所以他对天一阁的防火安全高度重视。他在初建天一阁之时，便在书楼的附近凿有一个水池，蓄水备用，以防火患。他打破一般建筑物忌用偶数的格局，把书楼分建为六间，东西两边建起防火墙，还在藏书楼下中厅上面的阁栅里，描绘有很多水波纹作为装饰。他在天一阁的四周留出很大的空地，还建有围墙，起到隔绝火种的作用。而且范钦为自己的藏书楼取的名也有防火的意味，这些都充分反映了他期望书楼免于火患的愿望。范钦还制定了严格禁止烟火入阁的制度，在楼梯边挂有一块“烟酒切忌登楼”的禁牌。所以后人在评价天一阁时，认为它能流芳千古的重要因素之一便是注重防火。

再次，范钦还对藏书实行了芸香辟盆、曝书去湿的措施。天一阁位于江南，这里阴雨天气多，梅雨季节长，纸质的书籍极易受潮、繁殖蛀虫和霉菌，最终会使书籍变坏。其实最令中国古代的藏书家头疼的就是防虫蛀书，很多善本失传于世的其中一个原因就是难抵虫蛀的侵蚀。范钦的藏书也曾遭到过虫蛀，后来他琢磨出用芸香草来防虫蛀的方法。他把芸草夹在书中来避虫蛀，起到了一定的效果。而且天一阁还有晒书的制度，范钦会选二伏天或重阳间的晴日，在院子里放上案几，把藏书搬出来放到上面翻晒。

天一阁在当时从建筑结构到防护措施都是一流的，后人纷纷效仿，后来清朝的文渊阁就是仿效天一阁建造的。

沈氏

嘉兴长溪的沈氏家族成员，不仅文采风流，而且极喜藏书，延绵有五代之久,对中国古代的藏书事业做出了贡献。

沈谧,字靖夫,号石云,明朝嘉靖八年的进士,最初被朝廷授予行人职位,后迁到刑科给事中、山东佥事以及江西佥事,升迁为湖广参议时未赴任便病死了。沈谧性情醇笃,对王阳明的学说比较推崇,曾经还于文湖修建有一座书院专门讲王阳明之学,一度成为理学的翘楚,著有《石云家藏集》。沈谧建有一座藏书楼,称为万书楼。据张首记载沈谧“有万卷书楼三楹”。沈谧有两个儿子,沈启原和沈启南。沈启原,字道初,号霓川,一号存石,明朝嘉靖三十八年的进士,最初被朝廷授予南京工部屯田主事,后来又出任本司郎中、南仪制、四川参议、山东参议以及陕西按察副使。沈启原为人慷慨好施,持身廉谨。他家居于杜门,每天都读书至丙夜,什么医药、卜筮之书都喜欢看,时人称为博物君子。沈启原一生著有《麟经考》《班马异同》《星卦论》《癸园草》和《巢云馆诗纪》,印刻有《谢康乐集》《沈隐侯集》和《外科枢要》。沈启原一生酷嗜坟籍,喜欢收藏古书名画及先代金石之遗,每遇到珍奇善本,不惜出重资购买。他的一生除了珍爱典籍,别的什么都不爱,每天都勤于披阅藏书,以此为乐,以至于会忘记自己的年龄。沈启原藏书范围很广泛,上自金匾石室之类,下至古今图集,只要遇到都会悉购无遗,有时遇到残缺之书,都会想尽办法借之储书家中,一定要修缮完整才会罢休。

沈家原有书楼三楹,是沈启原父亲的藏书处所,到他这一代,想方设法使藏书增聚,他自己建有的一座藏书楼,名为芳润。书楼被整理得窗明几净。他悠然坐于其中,翻阅藏书,手不停披,甚至有时达到寝食俱废的程度。沈启原收藏虽然不拘于宋、元旧刻,但他对版本要求极严,非善本不藏。他平生不喜应酬,若有人来拜访,接待便成为他最头疼的事情,虽性情如此,他一生还是有好多朋友,很多好友都赠书于他。每收到朋友所赠的书籍,他都会高兴半天。沈启原的藏书楼虽名为芳润,但实际上流传于后世的是他的藏书楼存石草堂。当时很多名人雅士,如欧大任、屠隆、潘志伊等,都曾慕名到过存石草堂,并专为其作有歌赋题咏,成为传世佳话。沈启原的存石草堂的得名缘由在于"道初先公,故在谏垣,有直声。存石者,存其所遗石,且以名斋,志不忘亲也。索余为题赠。"明朝著名的学者焦竑与存石草堂的渊源很深,据沈德符说:"焦久困公车,每岁必至吾家,留浃月,借观书籍。时焦贫窭,至手自节录。或遇巨函,则大父撤以贻之。"日后焦竑成为明朝时期的大学者,无疑得益于其乡试房师沈启原的丰富藏书。后来澹园的藏书名满天下, 其中有很大一部分也是来自长溪沈家的旧藏。

沈启原曾编撰有自家藏书目录《存石草堂书目》十卷,在当时的藏家目录书中书目达到十卷的规模很少。焦竑在《国朝经籍志》中最早著录了这部目录书,后来黄虞樱在《千顷堂书目》、万斯同在《明史·艺文志》以及浙江相关方志中都曾著录有此书,可惜现今这部书已亡佚。

沈启南,字道明,号志棠,晚年称巢云子,亦称澄源居士。他没有像他哥哥沈启原那样考中进士, 最后花钱买了一个光禄署垂的官。沈启南一生也是闭户读书,博综载籍,可谓"公于书无所不窥,书登北海之堂,诗进大历以上"。他著有《市隐草》《游燕草》和《溪居草》。沈启南也修建有自己的藏书楼,名为巢云馆,焦竑曾为巢云馆赋有《访沈太学巢云馆留赠一首》:"雨经草阁萦书带,月满绳床拂剑花。"沈启南收藏有极为珍贵的法帖李北海的《岳麓寺碑》与超宗所藏的《云磨将军》,堪称双璧。

沈启南除了平生爱好藏书外,也颇好刻书,他曾刊刻有《李太白诗选》《李献吉诗选》《何仲默诗选》《晏子春秋》和《李长吉诗选》等书，如今在上海图书馆、复旦大学图书馆和福建省图书馆中还收藏有他刊刻的本子，其中《晏子春秋》堪称善本，受到后来诸多版本目录学家的好评。沈启南刊刻的图书都必有所据，由此也可以看出他家藏书之丰富。

沈德符，又名麟祯，字虎臣，又字景倩，万历四十六年的举人。沈德符幼年即禀赋异常，每天都会读书，经、史、子、集以及前代经集典故都是他涉猎的内容。沈德符不喜欢攀附党援，一生孜孜不倦地教引后学之辈，交友广泛，遍布天下。他编著有《万历野获编》《历代正闰考》以及《清权堂集》等。他算是集长溪沈氏家族文化之大成，尤其精通文史方面的内容，以《万历野获编》获得当时杰出的史家之名。沈德符出身名门，家境富裕，年轻时也曾度过一段征歌逐酒与裘马轻狂的日子，但是等到中年，沈家家道日渐中落，他中举人之后，在科考路上便再无进展，最后干脆谢绝仕途，把全部精力转到藏书与读书之上，终身没有改变。沈德符性情豪放，丝毫不掩藏自己对图书典籍的喜爱之情，自认为是书淫、书麓和蠹鱼，而他对图书典籍的痴迷喜好也为后代书林留下了不少佳话。后来清朝的盛枫就说沈德符是“家藏书既富，日沉酣其中，所交皆名人献老”。沈德符藏书的具体数量因文献资料的缺乏后人无法确考，但他自己曾在一首诗中如此描述自己的藏书情况：“南面居然拥万签，闲眸诊物每掀髯。我今牙签万轴三冬徐，何羡东方千骑上头居。司空徙宅车三十，处士撑肠卷五千。”他的从弟沈纯社也曾回忆：“兄生平耽于史学，而藏书之富甲于江南，凡以疑就质者，援析综辨，无不精到。”由此可见，沈德符当时的藏书应该是非常丰富的。沈德符修建有自己的藏书楼，名为清权堂，是取自他的诗集之名，但是清权堂到清朝之时已经是废墟一片了,所以清朝的盛福钟在《梅湖竹枝词》中感慨道:“南渭堤连北渭堤,清权堂已变为蹊。空徐舞袖峰高处,时有幽禽恰恰啼。”

沈德符是晚明时期的知识分子,藏书种类多且杂,但他的收藏以史学和通俗文学为主。沈德符的朋友钱谦益曾评价他:“景倩独近搜博览,其于两宋以来史乘别集,故家旧事,往往能敷陈其本末,疏通其端绪。家世仕宦,习闻国家故事,且及见嘉靖以来名人献老,讲求掌故,网罗放失,将勒成一家之言,以上史官,惜其有志而未逮也。”晚明时期是通俗文学繁盛的时期,沈德符不像当时古板的知识分子,对通俗文学持排挤态度,他相当喜欢通俗文学,还是当时著名的戏曲批评家,他自己说“纵工小说无心作,只学殷芸字灌蔬”,还说“生卜恨未谙歌谱,愿作戳旋受舞鞋”。可见他不是一个严肃的史学家,人生比较多姿多彩。沈德符收藏的通俗小说,其中有兰陵笑笑生的《金瓶梅》和佚名氏著的《灯花婆婆》。他收藏的曲本也很多,与大藏书家赵琦美所藏曲本相当,两个人由此有相当多的关于曲本的切磋交流。另外,沈德符还收藏有南宋大臣卫径所刻朱熹《周易本义》《诗集传》《四书章句集注》诸书,都是极为珍贵的宋版书。他藏有郑若庸的类书《类隽》,也是当时不可多得之本。

沈德符既喜好藏书也善于读书,而且精于研订,尤其擅长版本、校雠之学。沈氏对历朝历代重要典籍的刊刻都很在意,认为杨鹤欲刻《太平御览》是个很好的想法,可惜最后未成行,感叹《永乐大典》的刻本是“若付梨枣,更岂易言”。沈德符也特别在意时人的著,唯恐其湮没无传,几次询问陈凤梧的《周礼会隽》刊刻最后是否竣事,感慨张世则的《貂挡史鉴》一直未见到刻本,也惋惜没能手录徐阶的《谕对录》和李廷机的《乞归诸疏》。他也是著名的版本学家,无论是版本内容抑或形式,他都能片言论定,精到非常。除在意版本之外,沈德符也精于校雠之学,一生都在践行此学。他自己说:"粉黛扫空春阁邃,铅黄刊勘夜灯微。朱黄饶净本,差胜甫里贫。作蠹与绝韦,均此淫书身。世事饱谙矣,何尚故纸钻。效陆刊净本,学曹设敬案。不级宋律赋,即钉唐书判。"沈德符对于校雠的浓厚兴趣由此可见一斑。沈德符与同邑名士沈德先于万历年间合校了陆游的《入蜀记》四卷并刻印刊行,这部书后来被收入陈继儒编辑的《宝颜堂秘岌》,现收藏于国家图书馆。

项元汴

项元汴(公元 1525—1590 年),字子京,号墨林居士、退密斋主人、香岩居士、惠泉山樵等,明朝嘉兴人,他作为中国古代著名的大收藏家,在明朝时期的藏书家中位列首位。项元汴所藏涉及图书、书画、金石、彝器、墨砚等文房雅玩,平生工于书画。项元汴的书法取法智永和赵孟頫,行、草、篆、隶都写得风生水起。而项元汴的山水画则是学黄公望的画风,他更倾心于倪瓒,驳杂多学,他后成为嘉兴画派的始祖。

项元汴修建有藏书楼,名为天籁楼。藏书楼的得名缘由是,他曾经得到过一架古旧铁琴,琴上刻有"天籁"二字,琴下有"孙登"字样。孙登是魏晋南北朝时期的一位隐士,善于抚琴,阮籍、嵇康会抚琴也是曾经受教于他。据记载,孙登的琴遇雨必定会发出响声,声音如刃物声。有一次天作大雨,孙登的琴巨响而破为数截,有一条黑蛟破琴而去。孙登的琴因为有黑蛟破琴的传说便被视作有灵性之物,项元汴得到之后欣喜之情可想而知,他遂把自己的藏书楼命名为天籁阁。项元汴一生凭借自家殷厚的祖传资产,高价收取金石遗文、名家书画和文物古玩，因此他所得多是江南故家的旧藏宝物，由此也使他在当时的知识分子中地位很高，从而青史留名。但是由于项元汴一生颇重名利，因此他的藏书家身份也备受后人的争议。福建长乐的藏书家谢肇淛曾贬低他是两截人，浙江嘉兴的藏书家朱彝尊在充分肯定项元汴善治生产和能鉴别古人书画、金石、文玩物之外，也对他生性吝啬财物与患得患失的一面十分不屑。

项元汴所收藏的物品，大多放置于他的天籁阁中，因此天籁阁中的收藏品类杂多，图籍书画、金石彝器、墨砚印章、名瓷茶具等无所不包。项元汴于图书典籍的收藏上，比较偏爱搜聚唐朝、五代的写本以及宋元的旧本，而对于当朝的图书，他只收藏精本。宋朝和元朝的旧本因为校订认真、刊刻细致和印刷精美，被很多私藏家看重。但等到明朝时期，宋元的旧本已经非常罕见，唐朝的写本更是成为珍如拱璧之物了。但项元汴家财雄厚，加上眼力精准，所以一生收集到许多的宋元刻本和一些唐朝的写本，数量之多，连当时著名的私藏家王世贞和范钦等都不敢和他较量。而他所藏质量也属上乘，多是旷世珍籍，后人也都望尘莫及。项元汴所藏的唐朝写本有唐朝吴彩鸾的写本《刊谬补缺切韵》和《唐韵》等，都数极为罕见之物。后来叶昌炽在《藏书纪事诗》中讲到天籁阁所藏是“海内珍异十九多归之”，“江南故家宝藏皆入其手”。项元汴藏书的规模由此可见一斑。

项元汴对书画的鉴赏和收藏也堪称当时的大家。他对书画的收藏并不局限于特定作者和朝代，只要是好的作品都是他的收藏范围，因此他一生收藏有历朝历代四百六十多位书画家的作品，形成了一个系统性的收藏规模。项元汴所藏书画中，最古老的书法作品当为东汉张芝的《章草贴》，绘画作品则是晋戴逵的

《剡山图》。对于他的藏品，项元汴有钤印不厌、标识价格和题跋不止等怪癖。所收之物皆“以钤印之，累累满幅”，各色名号的项氏图章于书画上少则近十，多则逾百。而且项元汴也喜好在每件书画作品后面标上他买来时的价格，这也成为他藏品最显著的特征。

项元汴一生不仅收藏图书典籍、书画作品，其他如几案、瓶花、香炉、印章、砚墨、鼎彝等也是他的涉猎范围。

项元汴的藏书很有特点：首先，他非常重视对唐、宋、元旧本以及明朝精本的收藏。在整个中国古代图书典籍的收藏史上也只他一人做到如此嗜好的境地。其次，他极为重视对各种稿本的收藏。在藏书家眼中，稿本也可称为孤本，而各家藏书的著书目录中却极少对稿本有著录，能做到对稿本的刻意搜求和保存的藏书家在中国古代的藏书历史上其实也并不多，由此可看出项元汴的收藏独具慧眼。最后，项元汴对自己的收藏不置藩篱。他极为大方地向当时的文人学士敞开他天籁阁中的藏品，供人鉴阅、把玩，这和当时许多私藏家束之高阁的收藏方式大为不同。他的这种开放行为不但滋养了项氏子孙，也成就了在中国历史上丹青世家的地位。

项元汴从十四岁开始便穷极一生进行收藏，一生凭借雄厚的财力、卓尔不凡的鉴赏力，使他的天籁阁中收藏有大量的历朝历代的精粱和书画，因此后人提到项元汴和他的天籁阁，便有“三吴珍秘，归之如流”的评价。项元汴于1590年去世后，他的收藏便开始流散，李日华父子和董其昌等收藏家就有从他家所得的一些善本。几十年后，清朝举兵南下，项元汴宅邸大半被战火烧毁，天籁阁中收藏的珍物也被抢掠一空，他拼尽一生的收藏部分归入清朝的官府之藏，部分流散入民间。而项元汴生前虽然热衷于书，却对他的收藏并无任何著录，因此流传于后世的只有一册《墨林山人诗集》和一册随笔《蕉窗九录》。

吴琉

吴琉，字汝秀，号甘泉。他家世代居于浙江省长兴县的吕山，宅邸旁有一口井泉，井水甘甜纯洌，吴琉便以此自号。吴琉的父亲吴孝春曾以乡贡的身份任青神和潜山的知县，到七十多岁时才中举。吴琉很小的时候父母去世，成为孤儿，却颖异绝伦，对学习举子之业不感兴趣。吴孝春在做潜山县令时，认识了小吏王氏的儿子，勉励他学习仕进，后来王氏的这个儿子考中进士，官至御史，有一次来巡视浙江地区，感念当年吴孝春的恩德，特来拜见吴孝春的墓，看见吴琉还在玩乐，便很不高兴，问他为什么不求上进，吴琉顾左右而言他。王氏的儿子想督促吴琉成才，但吴琉已经对科名一点兴趣都没有了，看到王氏的儿子很诚心想帮助他们，便请求帮助建环山楼于董坞先墓侧，使他父亲身前数屋的藏书得以可藏。环山楼建成之后，吴琉二十年不下楼，整日翻阅图书典籍。经过二十年的积淀之后，吴琉博通典籍，尤其精通皇极经世之学，致使名动公卿，当时的郡守刘天和都会向吴琉北面受业，而他的夫人亦执弟子礼。安仁的刘麟、金陵的龙霓和关中孙一元都慕名前来以礼拜见吴琉。宁王宸濠曾拿很多钱来想和吴琉交朋友，但被吴琉拒绝了。吴琉曾经到白门游玩，途遇舆榇累累，他当即占卜有异情，启逻者发之，乃逆瑾谋，自是折焉。吴琉知己如神类，当时的明武宗听说后征诏他到朝廷，吴琉走到中途忽然有所醒悟，便急速返回去了，七十三岁那年，吴琉去世。

吴琉大约生活在明朝中期成化至正德年间，是当时著名的学者、藏书家和著作家。他一生著述的作品有《史类》六百卷、《三才广志》存三百卷、《经史文编》三十卷、《天文要义》两卷、《皇极经世钤解》两卷、《太乙统宗宝鉴》二十卷、《太乙淘金歌》一卷、《六壬金钥匙》两卷、《元元集》一册和《环山楼集》六卷等。吴琉所著值得称道的是《三才广志》和《环山楼集》两部书，所涉内容极为宏富驳杂。《三才广志》可以说是中国古代流传至今最大的一部私修百科全书，书中查考了元明两朝时期的天文、地理、节令、气候、典章制度、文学艺术以及风土人情。吴琉著此书原有一千一百八十四卷，但现今留存下来的半数不到。他的这部书文卷浩瀚，当时根本无法版刻，所以现今可看到的只有抄本，成为研究他的生平与藏书情况的非常有价值的文献资料。吴琉一生著述浩瀚，字数将近千万，且所涉学科竟为百科全书体例，成就亘古罕见。

吴孝春晚年得子，致使吴琉很小便成了孤儿。中年之后，吴琉一直过着一种隐居飘逸的书斋生活。吴琉生活的范围不是很广，游玩也是在他居住的吕山一带。他曾为吕山题有吕山十二景：蒙山峙翠、葛阜遗丹、平冈走马、古渎舣舟、龟山烟雨、董坞松涛、茶磨晚岚、掌峰朝雪、姑岭晴雪、星墩竹墅、黄公石壁、白鹤仙坛。其实这吕山十二景也就在吕山方圆十余里的地域之内，但是吴琉对这十二景钟情有加，每一处景物都描绘得有声有色，从中也可以看出吴琉的一生远游经历不多，是位名副其实的书斋隐士，而且从他对吕山绘声绘色地描述中也可以看出他卓尔不凡的文采。而他死后也葬在了他钟爱了一生的吕山之上。

吴琉一生非官非绅，所以翻遍正史，没有关于他的任何记载，后人对他的了解只是从《明史》中他人传记里的零星旁叙中得知一二。《明史·隐逸·孙一元传》有这样的记载："孙一元，字太初，不知何许人，……时刘麟以知府罢归，龙霓以佥事谢政，并客湖州，与郡人故御史陆昆善，而长兴吴珫隐居好客，三人者并主如其家。珫因招一元入社，称苕溪五隐。一元买田溪上，将老焉。举人施侃雅善一元，妻以妻妹张氏，生一女而卒，年止三十七。珫等葬之道场山。"从孙一元的传记里我们可以得知，吴珫曾和当时明朝的四位高官结成了苕溪五隐社，那四位虽时任朝廷显官，吴珫则是一介布衣，却是苕溪五隐社主要的精神领袖和依托者，四位显官因依附吴珫才逐渐相结。苕溪五隐社中职官最高的是刘麟，最开始是孙一元于正德四年(公元1509年)到湖州与吴珫交往，又过了四年，刘麟被贬官到湖州寓居，依附吴珫，五人逐渐开始交往，最后结社。后来刘麟东山再起到西安任职，孙一元英年早逝，苕溪五隐社便自动解散了，从开始结社到解散历时八年左右。后来刘麟编撰的《清惠集》中载有苕溪五隐社当时的社约、立社序言以及数十篇唱和诗文，从中可以看出当时文社主要的活动场所以及吴珫的宅院太古居的一些情形。而且苕溪五隐社中几位成员后来的著述成为研究吴珫生平的重要文献资料。孙一元的《太白山人漫稿》中载有吴珫的诗歌三首，而刘麟的《清惠集》涉及吴珫的资料非常多，诗歌数十首、文章十多篇，其中的《吴甘泉入乡贤祠文》和《处士吴甘泉墓表成告文》两篇文章更是记述了吴珫生平的许多事迹。刘麟在《清惠集·卷八·吴甘泉入乡贤祠文》中说吴珫"辛巳盖棺，已有两纪"，从此可以推知吴珫生活的年代，甲子序列辛巳是明武宗正德十六年(公元1521年)，而吴珫的卒年是七十三岁，可知吴珫应是明正统十四年(公元1449年)出生。

吴珫在刘氏儿子的帮助下修建有自己的藏书楼——环山楼，他隐逸书斋二十多年，安守藏书，勤心著述，这属于他个人的修为，其实也是家族文化传统的熏陶。吴珫的祖父以及父亲吴孝春生前都喜爱藏书和著书。吴孝春从潜山做官归家之后，为自己建有藏书处所，名为退修斋，而抱清轩则是他晚年的读书之处。正是受到祖上对藏书、读书、著书的热爱的熏陶，吴琉才会独请父藏书数屋，建环山楼于董坞先墓侧，二十余年不下，著述甚丰。后人记载，环山楼位于浙江长兴县东南二十二里的董坞，明征士吴琉别业，苍弁诸峰，旋绕拱秀，因以名焉，楼已圮，有碑仆地。后来清朝的周祚宏专作有诗《题环山楼》："乐处何人寻孔颜，出门东望忆环山，而今百尺楼何在，拱木萧萧暮霭间。"如今的环山楼遗址在长兴县李家巷镇董家坞，虽然高山已经被削减不少，但吴琉曾经藏书楼的位置、规模、残存的基址仍然依稀可见。

林熙春

林熙春，明朝万历癸未年的进士，曾任明朝户部书，谥号忠宣。林熙春家中富有藏书，建有一座藏书楼，名为城南书庄，但他的藏书后来因种种原因散失，下落不明。他的后裔林孝辉曾保存有林氏书庄藏书的目录两册，但在"文革"中被查抄走一册，现今还珍藏有一册，里面记载的藏书种类非常多，由此可以推知林熙春当年的藏书情况。

明朝的书院藏书

明朝时期的书院,历经了一个由衰而盛,又由盛而衰的曲折发展过程。明朝初期的时候,政府对书院办学比较重视,当时许多知识分子响应政府的号召,修建书院,教经讲学。到明朝嘉靖年间,书院在各方面都走到了这个朝代的顶峰。据官方史书统计,这个时期特别著名的书院就有四十五所,而根据各个省份地方志的统计,明朝的书院总共有一千二百三十九所,大约是元朝的三倍。这些书院主要集中在长江流域和珠江流域,江西、福建、浙江、湖南几个省份设立的书院最多。

明朝时期,各种类型的书院大都以从事学术研究与教学等活动为主,依据自己书院的藏书,讲会、训诂、考据、校勘、考课、研习。这个时期的书院藏书处所成为直接为书院学术研究和教学活动提供服务的机构。明朝时期的各家书院,或多或少都有自己的藏书,一些大型的书院还建有专门用以藏书的藏书楼。明朝甘肃兰山书院的藏书非常多,士大夫祁隽藻在这家书院教书讲学的时候,利用闲暇时间到书院中的藏书楼里研精经史,翻阅了大量诸子百家的图书典籍。知识分子周家楣在南京顺天府葺金台书院里工作的时候,为这家书院到处征集了不少图书典籍,收藏入书院的藏书楼里。士大夫张伯行到闽南从事讲学活动的时候,在当地筹资修建了鳌峰书院,书院内专门设有一座藏书楼,里面收藏有四百六十多种的古今经籍。当时的官员李兆元听说耿逸倡在嵩阳书院讲授经学,便命他的部下子瀚到嵩阳书院问问办学情况,后来又购买了很多珍贵的图书典籍送给嵩阳书院的藏书楼进行收藏。由此可见,明朝时期,许多书院都设有专门的藏书处所。

明朝时期,各大书院里的藏书来源,有的是由书院自己购买的,有的是接受别人赠送的。上文提到的张伯行,他所修建的鳌峰书院里的藏书都是自己出资购置的,其中有一千卷还是他自己家中原有的藏书。名士焦贲亨也给上文提到的嵩阳书院赠过两种书,收入藏书楼,为当时院内的书生诵习传阅使用。知识分子胡林翼为了建设箴言书院,把家中原有藏书全部放入书院里的藏书楼,供师生阅览。湖南岳麓书院的李尧栋为了使院内的师生能够查阅到更加丰富翔实的文献资料,花书院的公用资金五百缗购买了一些图书典籍藏入书院的书库中。贵山书院是冯光裕修建的,他派遣学官到江南为书院购置有经史群籍数千卷,书院内的所有人都可以读到这批藏书。这个时期各大书院的藏书量不断增加,有的知名书院的藏书楼藏书甚至多达数万卷,例如当时苏州正谊书院的藏书就有六万余卷。

明朝时期的书院传道授业活动一般以院内书生个人读书和钻研为主,因此多数书院都特别重视自己书院的藏书数量与质量,而且书院的教授们也都很重视对书生们读书的指导。他们多把指导学生诵习作为教学的主要内容。讲会式的书院如此,考课式的书院也是这样。为此,书院藏书楼所收藏的图书典籍,必须配合教学任务，发挥参考作用。明代哲学家王守仁先后在贵州龙岗书院、江西濂溪书院、会稽的稽山书院等地讲学二十三年，四方来听讲的多达三百人。他特别注意培养学生的学习兴趣，强调要靠自学，以自学读书为主，所以他对书院的藏书非常看重。清初李颙在关中书院讲学时，把教学分为讲授与自修，着重指导自修，要求学生经常到书院藏书楼查阅书目。清代陆世仪在东林书院、太仓书院讲学，提出要分年、分等、分类读书，要求学生阅读书院的藏书时要学会精读和略读，认为有些书要背诵，有些书要讲透，有些书只需浏览。许多书院强调学生要做读书日记。上海的龙门书院规定："诸生各置行事日记册，读书日记册"，"读书有心的，有疑义，按日记于读书册。所记宜实，毋伪；宜要，毋泛；不得托故不记。逢月之五、十，承于师前，以请也请益"。苏州紫阳书院要求学生听讲时"各备日录一本，记日行何事，接何人，存何念，读何书，吐何论。须忠实记载，于下次会讲时交到讲会"，以便"查实录，定赏罚，登记考核成绩"。苏州正谊书院刊印的《学古堂日记》和陕西关中书院刊印的《志学斋日记》就是这种读书日记的汇编。

明朝时期的书院，为了教学与学生读书的便利，书院的藏书楼都专设有自己的管理制度和方法。兴化的文正书院藏书楼里面专门设立一名斋长，这名斋长负责所有的藏书典籍，要整齐卷页，谨守管钥，统为经理，无事不得擅离。而且每年到了夏季的六月份，还要把藏书检出曝晒，曝晒时期一定要有人亲自监管，以防遗失。大梁的书院要求书院中的藏书一般在院内或馆内阅读，只有出现特殊情况时才允许把藏书借回家去。而且还规定有藏书的借阅日期、卷册数，借书时必须当面点清，如有残破或污损，勒令限期补齐或赔偿。对那些随意在藏书上圈改点评的书生，以后不与借书。并且规定了哪些藏书可借,哪些藏书仅可在阅览室内阅读,哪些藏书不借。中江书院就制定规则,院内所藏史汉三国及各种类书,只准偶尔翻查,不准借出,至于孤本、抄本,尤不准借。书院还规定有借书手续,师生们先要查阅书院藏书楼的编目,知道某书有无,然后填写于阅书簿,取得书籍后,记明某月某日取某书几卷几本,下面书押借书者姓名和斋长姓名。还书时,司书吏记明某书某日交还。而且一次只许借书一种,不超过五卷,十日为期。有些书院规定把藏书借出书院外时,还需要当地的县政府出面担保,拿着县政府出具的借条才能到斋长那里去取书,还书的时候,还需要斋长出具给条再到县政府处销结。因为书院的藏书一般是不外借的,所以这只是作为一种特殊情况所做的规定。书院的藏书每到年终的时候一定会催还,看完没看完,都要收回来。书院藏书楼的管理人员每个季度要将阅书簿呈监院官查阅,年终的时候,还要送给山长查阅。当然,各个书院的规定不尽相同,但对藏书的重视程度大同小异。

明朝时期的书院藏书楼,从收藏图书的针对性、读者的广泛性、藏书的借阅办法,相比其他类型的藏书处所,有许多特别的优越之处。所以明朝时期的书院藏书楼在促进这个时期的文化繁荣上,具有不可磨灭的贡献。当时,大批的读书人为了科举功名,纷纷跑到书院中去学习,这一点就足以证明书院的藏书楼在当时起到了多么至关重要的作用。而且当时一些著名的文化人士与书院有着千丝万缕的联系,也是不可忽视的证据。明朝的大哲学家王守仁就是书院振兴的倡导者,后来许多的文化名人因为在他的书院读过书,而成为王学学派的主要传承者,影响之深远可想而知。大哲学家王艮当时在书院学习时,受到王守仁的教导,才开始发奋读书,最后成为一代大家。李贽有一段时间曾在麻城龙潭湖的芝佛书院读书、讲学、著书。而那个时候王夫之、黄宗羲、顾炎武等人也都多年隐居不仕，经常在江阴的正人书院等地讲学。颜元则在漳南书院进行讲学活动。据说郝文灿先生也在漳南书院讲学，被书院的领导聘请了好几次才去的，一去就立了很多规制，慕名来听课的人很多，在当地非常有影响。江永的一生也在著书讲学，前后长达六十年之久，戴震就是他的学生。戴震除了在京师的四库馆当纂修官之外，也曾在北京、山西、扬州、邵武及家乡婺源等地从事讲学活动，他的知名学生很多，段玉裁和王念孙就是他的弟子。后来段玉裁主要在寿阳书院进行教学活动。史学家和考据学家钱大昕是在钟山、娄东、紫阳等书院作主讲，他在钟山书院任山长时写成《二十二史考异》。万年在紫阳书院主讲十六年，最后死在书院中。赵翼在安定书院主讲时，完成了他《二十二史札记》的著述。史学评论家章学诚在定州定武、保定莲池、归德文正等书院中做主讲。考据学家惠栋也是一生在书院中进行讲学、著述。卢文弨在江浙地区的书院中主讲了二十多年，其中在钟山书院和龙城书院待的时间最长，最后也逝世于书院中，他在钟山书院讲学的同时，校勘出名著《钟山札记》。另外，明朝时期与书院关系密切的文化名士还有推行建立书院的王学弟子薛侃、邹守益、邦采、刘文敏等。他们几十年如一日地进行讲学活动，学术上取得的成就也非常大。湛若水是与王守仁同时代的学者，他一生讲学五十多年。东林书院创始人顾宪成和高攀龙，更是在东林书院培养出许多著名人士，杨涟、左光斗、范景文等都是他们的学生。他们的事迹，都记在史书上。由此可见，明朝时期的书院藏书楼已经成为孕育明朝文化的重要渊薮。

明朝时期的书院藏书楼，不仅藏书，而且还刻印图书典籍。当时，晋藩养德书院刻印了《文选》，东山书院刻印了《文选补遗》，白鹿洞书院刻印了《史记》,鳌峰书院刻印了《侯鲭录》,瀛山书院刻印了《金粟斋先生文集》,云丘书院刻印了《双江聂先生文集》,义阳书院刻印了《何大复先生集》。

总之,明朝时期的书院,集教学、学术研究、收藏和利用图书、刊印经籍为一体。这个时期的书院既是著名讲学与学术研究的中心,同时也是规模可观的图书典籍的收藏中心和极有影响的印刷出版中心。书院的藏书楼为推动书院的发展与建设做出了非常重大的贡献。

书院其实最初起源于藏书之所,书院的藏书功能在唐朝和宋朝时期还很明显,到了元朝时期更是将书院的藏书功能发挥到极致。到了明朝,书院的藏书功能相对有所下降,但这个时期书院在藏书楼的建设中却多有建树。

中国古代的藏书处所一直没有一个统一固定的名称,书院藏书楼也没有形成统一的名称规制,有的称呼为楼,如藏书楼、御书楼;有的称呼为阁,如藏经阁、尊经阁;有的称呼为堂,如学古堂、五经堂;有的称呼为馆,如博文馆、藏书馆。即使同一所书院在不同的时期藏书楼的名称也不相同。

明朝时期,书院藏书楼的名称也是五花八门,如尊经阁、云章阁、御书楼、宝经堂、崇经阁、横经阁、藏书阁、贮书阁、尊经楼、万卷楼、遗书阁,等等。但是这个时期相对来说,称作尊经阁的书院藏书楼比较多。云南巡按御史谢朝宣于弘治十二年(公元 1499 年),在大理府创建苍山书院,同时修建有明伦堂、尊经阁。浙江绍兴知府南大吉于嘉靖三年(公元 1524 年)命知县吴壕修葺稽山书院,同时增建有尊经阁。广德州判官邹守益于嘉靖四年(公元 1525 年)修建复初书院,内设尊经阁。云南蒙化府崇正书院的藏书楼最初称为观文楼,通判吴绍周于嘉靖八年(公元 1529 年)重修书院时,书院改名明志书院,藏书楼改称尊经阁。河南舞阳的知县任柱于嘉靖九年(公元 1530 年)修建舞泉书院,内建藏书楼为尊经阁。巡按御史刘新野于嘉靖十五年(公元 1536 年)嘱托陕西徽州知州莫汝高修建徽山书院,内设藏书楼称为尊经阁。知县程文德于同一年在江西安福县修建复古书院,内设藏书楼,称为尊经阁。广东廉州府的知府胡鳌于嘉靖二十四年(公元 1545 年)创建尚志书院时,内设藏书楼名尊经阁。湖广益阳的知县刘激于嘉靖三十一年(公元 1552 年) 创建龙洲书院,内设藏书楼,名尊经阁。江西临江的知府管大勋在隆庆四年(公元 1570 年)修建明经书院,内设的藏书楼称为尊经阁。浙江金华的知府张朝瑞于万历十七年(公元 1589 年)为崇正书院增建有经义、治事二堂以及尊经阁、游憩亭等。密云的知县尹同皋于万历四十一年为白檀书院增建了藏书楼尊经阁。饶阳县的知县于同一年重修近圣书院,内设的藏书楼称为尊经阁。

由此可见,明朝时期称为尊经阁的书院藏书楼基本上都是由地方官员出面修建,官方背景比较明显。而那个时期的社会士绅们对于儒学的尊经阁的建设没有多大兴趣,由士绅们创建的书院藏书楼几乎没有称作尊经阁的。明朝时期,有些书院藏书楼的名称还在沿用旧称。金华府的丽泽书院创建于宋朝,于嘉靖十四年 (公元 1535 年)重修时,遗书阁亦得修复,名称未变。江西吉安府白鹭洲书院创建于宋朝,内中的藏书楼当时因为藏有宋朝理宗的亲提御笔,称为云章阁,吉安的知府汪可受于万历二十年(公元 92 年) 将其加以修缮并安置在地势加高的吉台之上时,藏书楼名称仍为云章阁。

明朝时期,有些书院的藏书楼称为御书楼或仰哀楼,是因为这些书院的藏书楼藏有皇帝的御制物品,还有的纯属个人的喜好。明朝嘉靖年间的著名人士方献夫于正德十二年（公元1517年）在广东南海区西樵山修建了石泉书院，内设藏书楼称为御书楼。葛涧于嘉靖七年（公元1528年）在扬州府城大东门外修建甘泉书院，后来由徐九皋在内增建了一座藏书楼，请湛若水为其取名，湛若水思虑后认为取名仰哀楼比较好，里面收藏有湛若水书刻的《敬一篇》以及《御制文集》等。

明朝时期很多书院的藏书楼以宝经阁、崇经阁、横经阁、藏书阁和万卷楼为名。湖广辰州的知府戴敏创建崇正书院后，内中的藏书楼称为宝经阁。据记载，崇正书院前为重门，中为文会堂，左右为斋舍，各三十余楹，后为祠十六楹，以祀镰溪、二程、横渠、晦庵、南轩诸贤，后又为宝经阁。陕西陇州的阎仲实于弘治年间在州城西北五里处修建妍山书院，内设有崇经阁。浙江慈溪的知县刘逢恺于嘉靖二十四年（公元1545年）重修慈湖书院时，内设藏书楼名横经阁。御史陈文鸣于正德年间修建静斋书院时，内设有藏书楼称为万卷楼。陕西三原县弘道书院的藏书楼称为考经堂，王承裕于弘治末年到弘道书院后，将家中数千卷藏书拿出来藏入了考经堂。宝经、崇经、横经、考经和尊经等名称，都与世人偏爱诵习经典相关，取名意义基本相似。

明朝时期，除了书院将藏书楼笼统地称作尊经阁、崇经阁、藏书阁之外，还有一些书院会给藏书楼取特定的名称，赋予它们一定的意义。道源书院位于江西赣州府大庚县的镰溪祠之后，由于依傍地势的明媚，为内中的藏书楼取名为景行之堂。嘉靖三十七年（公元1558年），江西安福县南乡的士绅修建复真书院，因求博闻有书之意，为内中的藏书楼取名为萃胜楼，不仅隐含书数千卷萃矣之意，而且也使藏书楼像旅游观光之地，据说萃胜楼中藏书丰富，所藏经史典籍可与皇家秘府有一比，可惜这座楼在明清易代之际被毁坏了，所藏图书典籍散失殆尽，后来于康熙乙巳年(公元1665年)才又被重新修建。开封府的大梁书院于天顺五年(公元1462年)创建，内设有藏书楼，称为高明楼，其含义不仅用来贮藏书史，也可供登高眺望，观光之义变得更加名副其实。

由此可见，明朝时期书院的创建者为书院的藏书楼命名一些别致的名称，自是隐含着创建者们对书院的藏书楼更多的期望与寄托。正德十三年（公元1518年），北直隶广平的知府张羽健创建漳川书院，内中的藏书楼称为崇正楼。万历丙午年（公元1606年），耿橘修建虞山书院，并在书院右侧加建一座书楼，名为弦歌楼，期望能够收集很多图书典籍贮藏其中，可以资助更多的贫困书生览诵之用。弦歌楼取名之意，源自书院对孔子的门徒言偃的崇敬，借用言偃曾经武城弦歌的典故。弘治年间，云南蒙化的知府胡光修建崇正书院，内设藏书楼称为观文楼，胡光派人到江南、中州等书市发达之地，购买了很多图书典籍，贮藏于观文楼。

明朝时期，有些书院的藏书楼得名的缘由还与地理方位有关。陕西的王承裕于弘治九年创建于三原弘道书院，内中的藏书楼称为渭北书阁。这个时期，有些书院藏书楼的命名更为简洁，直接显示藏书、贮书的功用。百泉书院位于河南的辉县，内设藏书阁三间。河南汝宁的知府廖自显于嘉靖十三年(公元1524年)创建笃志书院，内设贮书阁五楹。四川马湖府的知府漆登于嘉靖二十八年(公元1549年)在屏山县修建楼山书院，内设藏书楼三楹。天真书院位于浙江的杭州，书院中有阳明祠堂、文明阁、藏书室和望海亭。宁海的知县王畤于万历二十二年(公元1594年)修建猴城书院，以此来纪念方孝孺，书院设有扶摇阁、藏书楼。虎林书院位于杭州，于万历三十七年(公元1609年)建成，内中设有明贤堂、凝道堂、友仁堂和藏书楼，藏书楼中贮藏有经史语录等图书典籍。而这个时期，有些书院的藏书楼命名更为简单，直接称呼为书楼。东林书院位于无锡，于万历三十二年（公元 1604 年）创建，内中于燕居庙的东、西两翼建有书楼，收藏祭器、古乐器以及图书典籍等。常熟的知县王叔果于嘉靖乙丑年（公元 1565 年）复建文学书院，在讲堂学道堂左右稍北的地方增设有对立书楼。陕西的提学王云凤于弘治年间在正学书院内增设一座书楼，收藏有许多图书典籍以资助学生们诵览之用，这座书楼没有取特别的名称，仅以书楼称呼。更有些书院的藏书楼直接被称为图书阁。

其实到了明朝时期，书院对藏书楼的建设已经相对弱化，并不是普遍的现象了，大部分书院已经不创建自己专属的藏书楼，而且对藏书楼的维护与修持也不是那么积极了。非常著名的白鹿洞书院内曾设有圣经阁和云章阁两座藏书楼，可是到了明朝都废弃不用了。据当时的统计数据显示，明朝时期各地有书院总数几千所，新建的有一千七百零七所，被修复的有二百五十五所。而书院内设有藏书楼的书院仅为四十九所，大概占这个时期书院总数的百分之二点四九，书院虽多，藏书丰富的却并不多见，而且就藏书的规模、数量、影响等方面来看，明朝书院藏书的成就实在不高，甚至下降到宋朝以来的最低点。

致使明朝时期书院藏书低落的原因，其一是由于当时的社会政治因素，尊儒重道，大量修建的儒学尊经阁挤兑了书院藏书楼的发展空间，使书院在教育体制中被逐渐挤到了边缘地带。到了明朝，书院的地位逐年下降，不仅排在官方儒学之下，而且所拥有的权力甚至连当时的社学都不如。这个时期，逐渐形成的社会风气使人们普遍认为，儒学才是办学的正宗所在，可以维护儒学的根本便是社学,书院最多只能起到一种辅助的作用。嘉靖时期编撰的《常德府志》中即认为:“儒学之外,又有社学以为基本,书院以为羽卫。”万历时期编撰的《郧阳府志》也认为:“社学则儒学之基本,书院则儒学之羽卫。”在这样一种情形下,地方兴办学校的重点自然首先推重儒学,修建社学,书院被进一步忽略了。先儒学后书院的办学机制导致明朝时期普遍建设了很多的儒学尊经阁,而从客观与主观双方面都排挤了书院藏书楼的建设。虽然明朝各方人士主观上认为“尊经有阁,制也”,但事实上,尊经阁并没有构成学校的必有之制,当时各地建设学校应有之制包括文庙、两庑、戟门、权星门、明伦堂、斋、号、会撰堂、神厨、神库、宰牲房、学仓、射圃、教官宅,但没有尊经阁。究其原因,当时多数儒学的藏书其实用书柜或者学仓储放就已经足够了,从经济实用角度讲没有必要大肆修建尊经阁。也可以说,当时儒学尊经阁建设其实更多地只是出于对朝廷颁书的尊崇或神格化的需要,而并非实用。明朝时期的当政皇帝出于维护政治统治需要,喜欢不断向官学颁降各类书籍,从而成为支撑明代儒学尊经阁建设的重要前提。事实上,后来许多儒学的尊经阁被变通地改用它途了。广东揭阳县的县学尊经阁经常被借用为教学场地。北直隶永年县的县学原有尊经阁一座,位于明伦堂之后,后来被改为启圣祠用了。丹徒的县学在合并原来祭祀宋儒范文正公的清风书院后,便把县学原有的尊经阁改作祭祀文正公的祠堂了。藏儒学之书的尊经阁都遭到如此待遇,被挤到边缘地位的书院就更不能奢求大肆兴建藏书楼了。更何况,明朝时期的书院因为思想比较活跃,得不到政府的支持,朝廷自然不会赐书给书院,即使偶尔给予颁赐,也是极少的几家比较特殊的书院。

其二是明朝时期私人藏书现象异常发达,某种程度上代替了书院藏书的需求。清朝时期的杨丙福在《钟山书院藏书记》中认为明朝“盖私家之部目如是，而诸书院之藏籍，虽有贤长吏及名山长，固圈如也”。当时的情况是，江、浙等私人藏书发达的地区，书院的藏书楼建设呈衰落趋势，而在四川、云南等私人藏书相对不发达的地区，书院的藏书楼建设反而是风生水起。

明朝时期，书院的藏书事业开始滑落其实不是一朝一夕的事，实际上，从宋朝开始，由于书院与理学先贤结合愈来愈紧密，书院的祭祀和讲学逐渐地优于藏书，万历年间编撰的《太平府志》中便说：“唐人禁中以储书籍，宋人踵之以祀先哲，此名贤之寓道德之光，而士之观望操弧修德，胥此焉籍也。”明朝时期的书院大多认为教育以会讲为特点，重清淡，轻读书，自然藏书事业因此也受到一定程度的负面影响。看重讲学和祭祀在某种程度上挤压了书院的藏书空间。尤其在修建书院的经费遭遇瓶颈时，讲堂与祭祠都要想办法修建，至于藏书楼，有余资则建，无余资干脆省去了。常熟县的知县耿橘于万历三十四年(公元 1606 年)修建虞山书院时，就是先修完讲堂、文舍之后，还剩点钱，才决定增修藏书楼与经房，而且还得向上级申报，写明理由：“书院中讲堂、文舍虽已初备，而藏书不可无其所也，授徒不可无其地也，则书楼与经房尤其不可缺者。”这也从一定程度上说明，明朝时期有一部分人还是认为书院的藏书事业是非常重要的，院以书名，稗究厥实。

总的说来，明朝时期，书院的藏书楼已经非必有之制了，藏书楼不再像前朝历代那样成为书院的典型建筑，很多书院拥有藏书，却没有藏书楼。嘉善县的承倪现于正德十二年修建思贤书院，购经籍若干部，仅是锡犊而藏。福建建阳的同文书院，因为没有专门的藏书楼，只好将洪武正韵劝善及诸官书版存放在前堂的东厅。福建侯官县的共学书院有藏书，也没有藏书楼，只能将图书典籍收藏在讲堂左侧的耳房内。无锡的东林书院其堂一楹曰中和，中设先师木主，东西为两房，左祭器，右经籍。湖广安陆府的复中书院只能在教学楼中挤出一块地方，左藏经籍，右藏子史。白鹭洲书院则只有一个藏书的书仓。明朝人对书院祭祀及讲学的过分重视，削弱了书院藏书功能的重要性，致使书院的藏书事业从明朝开始走向衰落。

清朝的藏书事业

清朝的官府藏书

清朝是中国古代最后一个封建王朝,他们入关完成国家统一大业之后,因清朝统治者是满族血统,他们便将统治的重点放在教化汉民上,文化方面开始加强思想管制。从康熙皇帝开始,在唐、宋、元、明各个王朝积累的基础之上,连续三朝皇帝展开了浩大的藏书与修书的活动,从而为清朝官府的藏书事业创造出了长达百年盛世的辉煌历史。

清朝在两百多年的统治期间,在政治、经济、文化等诸方面都出现了相对繁荣的发展现象,尤其在康熙、雍正、乾隆三朝皇帝年间出现了历史上著名的"康乾盛世"。在这个时期,清王朝在前朝发展的基础上,把中国古代的藏书事业推上了顶峰。清朝政府自建立后,继承历朝历代的做法,开始施行向民间征书的活动。乾隆皇帝在乾隆三十七年(公元1772年)下诏征集图书,这次征集收获颇丰,加上明朝遗留下来的图书典籍,清朝政府的藏书远远超过了前代。就《四库全书》的编撰过程我们也可以窥出一斑,《四库全书》除收集有三千多种文献,共七万多卷以外,尚有存目六千七百多种,共九万三千卷,两项合计共一万多卷,共十七余万卷,此外还有《四库全书》未存入书目的藏书三万六千卷。而据清朝道光年间的一次统计，清朝官府藏书多达十九万七千六百三十四部，共十七万五千六百四十卷。

清朝的官府藏书最初是在明朝皇宫内附秘籍的基础上发展起来的，后来随着政府政治统治的需求，开始大量征集汉人文化的各种图书典籍进行收藏，自乾隆皇帝下达"稽古右文"一统天下的政策后，政府更是将这种藏书热潮推到了顶峰。到顺治皇帝当政期间，政府积极开展搜访民间遗书的活动，同时，政府组织文人、士子、官员大量进行修订编撰图书典籍的活动，对于保存和遗留前人的典籍文化起到了重要作用。

清朝官府藏书的特点与历朝历代有所区别，过去的历朝历代都是为典藏文集而搜求四方遗书，而清朝的官府藏书是编撰了一批藏书，同时也销毁了一批藏书，即所谓的"寓禁于修"。尤其是在康熙和乾隆两朝皇帝时期，而乾隆皇帝时期更为明显，把一大批不利于清朝统治的图书典籍以违禁、悖逆之名销毁，在编修《四库全书》的期间，每天被销毁的图书典籍多达百部，最后有数十万部典籍被销毁，不能不说是中国藏书史上的悲哀与损失。

清朝政府编撰修书的成果空前卓著，铜活字本《古今图书集成》与中国古代历史上卷帙最大的一部全书《四库全书》是清朝官府藏书优秀成果的代表。

《古今图书集成》原名《文献汇编》，也称《古今图书汇编》，由清朝名臣陈梦雷主持编纂，是中国现今仍留存的一部大型类书，当时康熙皇帝钦赐书名，后来雍正皇帝为之写序，历经两朝用时二十八年完成。这部书采集文献资料广博，内容丰富翔实，正文有一万卷，目录有四卷，共有五千零二十册，五百二十函，四十二万多筒子页，一亿六千万字。内容分为六个汇编、三十二个典、六千一百一十七个部。《古今图书集成》按天、地、人、物、事的次序依次展开，规模宏大、分类细密、纵横交错，举凡天文地理、人伦规范、文史哲学、自然艺术、经济政治、教育科举、农桑渔牧、医药良方、百家考工等无所不包，而且图文并茂，成为查找中国古代文献资料的一部非常重要的百科全书，也被专家学者称为中国古代的百科全书。

《四库全书》是在清朝政府大行文字狱的背景之下开始编修的，耗时十年，到乾隆年间全部完成。这部书分经、史、子、集四部，故名四库，共收书三千五百零三种，七万九千三百三十七卷，三万六千三百零四册，近二百三十万页，八亿多字，是中国迄今为止现存的最大的丛书。整套丛书收录了从先秦到清朝乾隆皇帝前的一部分文献古籍，涵盖了中国古代几乎所有的学术领域，而且书中除了收录中国古人的著作之外，还涉及一些有关朝鲜、日本、印度以及欧洲人的著作，集前朝历代藏书之大成。

这两部书被收藏于清朝著名的南三阁与北四阁之中。南三阁是镇江金山寺的文宗阁、扬州大观堂的文汇阁、杭州西湖行宫孤山圣因寺的文澜阁的总称，北四阁是皇宫文渊阁、京郊圆明园文源阁、奉天故宫文溯阁、承德避暑山庄文津阁的总称。其中北四阁是清朝官府藏书的重地。

清朝政府完成搜访和修订图书的浩大工程后，开始致力于官府藏书楼的修建活动，就在《古今图书集成》和《四库全书》成书的前后，乾隆皇帝开始为官府藏书寻找更好的安身处所，于是内廷四阁（文渊阁、文源阁、文溯阁、文津阁）就这样被建立起来。就文溯阁而言，作为官府重要的藏书阵地，主要用来收藏《四库全书》。乾隆皇帝非常重视这部汇集历代典籍精粹图书的典藏，除了建立专门的藏书阁之外，还对藏书阁进行深思熟虑的命名，文渊、文津、文源、文溯诸阁的命名都是学习天一阁的起名原理，体现以水克火的理念，由此也可以看出，清朝当政者对汉文化深厚底蕴的偏好与喜爱。许是受康熙皇帝的影响，清朝的大多数皇帝对读书都很喜好，所以清朝的官府藏书除了建有专门的藏书楼外，皇宫内凡是皇帝足迹所到之处，大多藏有图书典籍，比如昭仁殿、勤政殿、宣政殿、上书房、古董房、御书房等处都设有藏书点，这些藏书之地自然也是构成清朝官府藏书的重要组成部分。

清朝政府在收集整理图书典籍的过程中，还开展了刻印图书的活动。

康熙十九年的时候，下诏在武英殿的左右廊坊设置了修书处，里面设置有专门掌管刊印装潢书籍之事的官员。康熙四十年的时候，康熙皇帝组织大臣开始大量刊刻图书，由皇家刊刻出的图书质量相对来讲还是比较高的。到乾隆皇帝执政时期，他命人把《永乐大典》中的内容摘出珍本进行刊刻，并命名为《武英殿聚珍版丛书》，被世人称为殿本。乾隆四十年的时候，乾隆皇帝命大臣彭元瑞和于敏中等人主持整理藏于昭仁殿的图书典籍，同时开始编纂《天禄琳琅书目》的工作。但是，不幸的是，官府藏书阁在嘉庆年间遭遇了火灾，虽然灭火及时，但仍有一部分图书典籍被焚毁，之后政府开始重新修缮官府藏书阁，里面仍然藏有不少珍贵的善本古籍，也就是从这个时期开始，天禄琳琅成为清朝官府典藏珍贵古籍的代称。

清朝时期的官府藏书文化凸现出了远超唐、宋、元、明时期的恢宏特色，不仅藏书丰富，编修出具有集大成者的图书，而且在典藏风格上也极具特色。

清朝时期，官府藏书的风气极为浓厚，藏书阁的发展也盛极一时，特别是在建筑技艺和特色上，被后世的专家学者大为称道。这个时期的藏书阁无论在数量上还是质量上，都达到了中国古代藏书阁发展的顶峰。清朝的官府藏书阁包括内阁大库、国史馆、武英殿、方略馆、实录馆等多处，这些藏书处所环境清幽，别致优雅，当时的文渊阁就建在青山绿水间，风景优美，环境清雅。清朝官府的藏书阁除所选择的环境清寂雅静之外，在楼阁的设计上不仅具备收藏功能，而且还在防火、防蛀、防霉等技术处理方面也很有特色。清朝的官府档案库在建筑设计上墙体特别坚厚结实，地面多使用砖石砌垒而成，不仅能够很好地保温隔热，而且对于防火也很有成效。档案库内存放图书典籍的书架一律使用樟木建造，很好地起到了防蛀的功效，并且档案库在建筑格局上还特意有通风、透气和防潮的设计，在建筑学史上都堪称完美。

清朝时期，官府藏书虽然还是不同程度地受到了火灾、虫蛀等因素的影响，但是比起历朝历代的藏书保存还是相对完好的。但是，清朝末期，这些被珍藏的典籍因为连年的战争散佚，几乎遭受灭顶之灾。清朝政府统治末期，皇帝溥仪成为日本政府的傀儡，为了振兴满洲国，在筹集资金时，把目光瞄准了先祖留下的珍贵遗产，当然也包括官府藏书。他曾经多次把官府藏书阁内的图书典籍以赏赐的名义交给弟弟溥杰偷偷运出宫外，数量多达几百种。伪满洲国建立之后，这些古籍孤本几经周折，还一度被藏到天津租界，后来日本人经手运到长春的伪满洲国。等到日本战败之后，这些原本作为复国资金的珍贵的图书典籍随之遭了殃，被众多官兵大肆抢掠，最后多数不知去向。中华人民共和国成立后，虽然国家图书馆费尽心力寻找回其中的一部分图书典籍，但还是有很大一部分或流失海外或下落不明了。

总之，清朝时期的官府藏书，所藏图书典籍丰富，藏书设施完善，代表了中国古代藏书事业发展的最高峰，为后世图书馆文化的诞生提供了良好的基础。

清朝的私人藏书

清朝是中国古代私人藏书发展的鼎盛时期,私人藏书人数统计有两千零八十二人,超过了历代藏书家的总和。

清朝时期的私人藏书不仅藏书家数量空前增多,藏书楼林立,而且藏书数量多,质量高,善本多,有特色。私人藏书人数之多,规模之大超过了宋、元、明任何一个时代,达到了一个鼎盛时期。这个时期的藏书家以一己之力对保存和传播中国古代的图书典籍做出了重要贡献,功绩不朽。

清朝时期,私人藏书蔚然成风,涌现出了许多著名的藏书家、藏书楼,比如赵琦美和脉望馆、毛晋和汲古阁、钱曾和述古堂、钱谦益和绛云楼、黄丕烈和百宋一廛、张金吾和爱日精庐、瞿氏和铁琴铜剑楼等等,都是其中的代表,不一而足。

宋荦

宋荦(公元 1634—1713 年),字牧仲,号漫堂,又号绵津山人、沧浪寓公、白马客商、西陂放鸭翁、西陂老人。宋荦出生于商丘的名门望族,他的曾祖父宋纁以孝闻名乡里,是明朝嘉靖年间的进士，官至吏部尚书，以直言进谏著称于时。他的祖父宋沾，是明朝万历十九年的举人，官至山东福山知县，以清廉自守闻名。他的父亲宋权，是明朝天启五年的进士，崇祯末年时任顺天巡抚，清朝建立之后被任命为翰林国史院大学士，居相位六年。清朝政府在顺治四年（公元 1647 年）下有一道诏令，命朝内众官各送一子任宫廷侍卫之职，十四岁的宋荦应诏以大臣子列侍卫。他很勇猛善战，受到当朝皇帝的器重。顺治五年的时候，他参加清朝政府的选拔考试，得了第一名，被授予通判的官职。但宋荦的父亲宋权担心他年幼不谙政事，帮他推辞了通判之职，命他回家读书，参加乡试。顺治八年（公元 1651 年）三月，宋权辞官，宋荦也辞去了宫廷侍卫的官职，跟随他的父亲一起返乡。此后，他与他的父亲一起切磨诗古文词，讲画辞章，讨论古今，被当时的名士侯方域称赞为“少有异材”。他同当时的有才之士贾开宗、侯方域、徐作肃、徐世琛、徐邻唐被世人尊称为雪苑六子。回乡读书的这段经历无疑为宋荦日后成为一代饱学之士奠定了坚实的基础。

康熙三年（公元 1664 年），宋荦被任命为黄州通判，由此开始了他长达四十多年的仕宦生涯。宋荦一生仕途平坦，先后担任过理藩院院判、刑部员外郎、直隶通永道佥事、山东按察使、江苏布政使、江西巡抚、江苏巡抚以及吏部尚书等职。康熙皇帝很欣赏他，赞赏他“清廉为天下巡抚第一”。苏州于道光七年（公元 1827 年）在沧浪亭园内建五百名贤祠，其中就有宋荦像，被题名为“皇清吏部尚书江苏巡抚宋荦”，铭文为“惠爱黎元，宏奖髦士，心迹双清，沧浪之水”。今天苏州的沧浪亭还保留着宋荦的画像与这首赞美他的诗。

宋荦在苏州为官之时，苏州正是藏书之风盛行之日。苏州本是历史的文化名城，文脉源远流长，藏书之风享誉天下，历朝历代都繁盛不衰。据统计，中国古代藏书家最多的十个县市中，苏州居其首。尤其是清朝时期，苏州的藏书名家就有钱谦益和他的绛云楼、钱曾和他的述古堂、黄丕烈和他的百宋一廛、瞿绍基和他的铁琴铜剑楼，影响之大，无人可比。宋荦在苏州任官时间很长，他本身又是个好尚风雅之人，他在不忙政事的时候，喜欢搜访古迹，延接俊流，他与当时江南的许多藏书家都有深密往来，深谙藏书之学。宋荦在顺治十二年(公元 1655 年)第一次游历江南之时，就开始想方设法地收购图书秘籍。做官之后，每到一任，他都会留心当地的藏书之事，购买典籍归藏。其中他所收藏购到的汲古阁中的藏书是他藏书中的珍秘所在。毛扆曾在他的《诗经阐秘》跋中提到宋荦搜书之事："商丘宋公博学君子也，每见异书，辄焚香诵读，巡抚江南历十余年，境内名人硕士无不折节下交。戊子春，来登汲古旧阁，羁留信宿，凡阁中所藏书籍，逐一观览。"宋荦藏书处所有三个，其中西陂和鱼麦堂两处的匾额是康熙皇帝亲手御书为他写的，而保素堂的匾额也是当时的太子赐给他的。宋荦在他的藏书楼内所藏的数万册图书典籍之中，以善本、旧抄本最多，其中珍藏的唐宋名迹、宋元秘帙，冠于河右，在当时的藏书家中享有盛名。这些珍籍善本大多是宋荦在江苏为官之时收集而来的，康熙四十二年(公元 1703 年)他进呈康熙皇帝的《西陂藏书目》中，就录有宋元及明本一百三十余种，抄本七十二种，其中珍秘善本有荆公《百家诗选》《施注苏诗》残本、《苏子美集》，旧藏抄本有《徂徕文集》二十四卷、《目录》一卷、《阳陵先生集》四卷、《云溪诗》五卷、《玉澜集》一卷、《乖崖先生文集》十二卷，精品书有宋嘉泰刻本《苏东坡诗集》、元刻本《白虎通》、元花溪沈氏刻本《松雪斋集》等。尤其是《松雪斋集》，抄写字迹仿照赵子昂，摹刻精绝，历来被藏书家视为珍宝。宋荦对此书也珍爱无比,自己写诗讴歌道:“雅愿终身做蠹鱼,吴兴集刻至元初。华亭小记增珍重,不数虞山旧汉书。”而且他还请人欣赏、题咏,其中当时的名家戴震就有题诗云:“卷帙寻常厌鲁鱼,一编精绝校雠初。吴兴文字花溪刻,堪作江南枕内书。”

作为收藏家的宋荦,除了喜欢收藏秘籍名迹外,还特别乐意在他的藏书楼内收藏御制书画。宋荦的父亲为大清王朝立有汗马功劳,他本人又为官清正廉明,康熙皇帝非常恩宠于他,说他是“岳牧之选,实惟忠臣。寄以封疆,千里而远”,“控摄文武,统驭官司。绳违科慢,宣德布慈”。康熙皇帝于三十八至四十四年间(公元 1699—1705 年)曾经三次南巡,都驻跸苏州,由宋荦迎送,所以他所获得的御赐手迹和书画极多。康熙三十八年春,康熙皇帝就赐予他御书“怀抱清朗”额、“仁惠诚民”额、御书诗扇,还赐予他康熙皇帝临摹的米芾书,董其昌书《天马赋》一卷、渊鉴斋法帖及耕织图。康熙皇帝于四十二年春再次南巡的时候,应宋荦的请求,赐予他“西陂”两个大字,又赏赐给他一幅御制的元旦律诗、一幅御制狐裘诗和一幅督抚箴,同时对他说:“尔在此做官多年,安静和平,特意赐尔。”康熙皇帝要起身回朝的那天,还赐给宋荦书额“清德堂”三个字,并赐对联“官箴三命慓,家学一经传”。后来又赐给宋荦《佩文韵府》《渊鉴类函》各一部。康熙皇帝在四十四年夏天又驻跸苏州之时,赐予宋荦“福”“寿”两个大字、“鱼麦堂”额和“儿孙歌舞诗书内,乡党优游礼让中”的对联。还应允宋荦之请,赐御书“世有令仪”四个字,做他家的祠额。康熙皇帝快离开苏州的时候,又赐宋荦联“地连江海屏藩重,赋甲东南节钺雄”。宋荦在康熙四十七年(公元 1708 年)春告老还乡的时候,康熙皇帝还在畅春苑赐予他御制五言律一章。宋荦把这些御制真迹都珍藏于他的藏书楼内,他晚年的时候还在文康公故宅内专建一所御书楼,并勒石以珍。

宋荦不仅藏书,而且还以刻书著称于世。清朝时期,私家刻书现象蜂拥而起,以刻书为荣的官宦学者比比皆是。宋荦能诗善赋,而且他家富有收藏,他的藏书楼内所藏经籍书画为中州之冠。宋荦还精于鉴赏之功,据说他暗中摸索即可辨真伪,并且他做官最久的苏州正是当时刻书业繁盛的地方,这些都为他刻书提供了便利条件。宋荦一生刻书大约有五十种,其中所刻的古籍有王安石《百家诗选》、苏舜钦《苏子美集》和施元之《施注苏诗》等,代别人所刻的著作有康熙皇帝的《御制诗集》和王士祯的《蚕尾集》等,编选刻时人的著作有《三家文抄》和《江左十五子诗》等,编刻自己的家集有宋权的《白华堂诗》和《商丘宋氏三世遗集》等。他一生从二十几岁开始到七十多岁,刻书活动从未停止过。他在正式做官之前,就已经刻有他自己的诗集《古竹圃诗集》《嘉禾堂稿》和《柳湖诗草》等,等他做官之后,他又刻印了许多的地方艺文著作,像《施注苏诗》《三家文钞》《江右采风录》《榆溪诗潮》和《江左十五子诗》等。而自著自刻的诗集《绵津山人诗集》被时人称赞为他从事诗歌创作与刻书活动两美兼具、相得益彰的代表作品。这部书全书用软字写刻,娟秀美观,在清朝初期的出版物中算是一部难得一见的从内容到形式都堪称完美的佳作。这部刻制精美的诗集受到了康熙帝的赞美,所以康熙皇帝于四十二年再次南巡的时候,就交给宋荦一项美差,命他承刻《御制诗集》。而接下来的两年里,宋荦又先后承刻了《黄舆表》十六卷和《御批资治通鉴纲目》一百零九卷。其中《黄舆表》为端楷精书精刻,受到康熙皇帝的赞赏,而宋荦也因为承刻了三种御籍,促进了当时康版书风格的形成。在中国版本学史上,通常把康熙朝刻印的字体秀丽工整、雕刻尽善尽美、纸墨悦目精妙的书籍称为康版书,并且认为康版书不在宋版书之下。可见宋荦在刻书上的贡献之大。而且,宋荦还是百衲本的首创者。百衲,顾名思义是指用零星材料集成一套完整的东西,具有杂拼之义。百衲本是用借喻之称,就是用一种书的不同版片拼印或者用一种书的不同版本拼配起来的书本。宋荦曾用两种宋本、三种元本配制成一部《史记》八十卷,称之为《百衲本史记》。之后藏书家傅增湘因循此法,用几种宋本拼配了一部《百衲本资治通鉴》,而商务印书馆还大规模汇集不同版本的史书,拼配了一套《百衲本二十四史》。宋荦由此名誉百世。

杨以增

杨以增,字益之,号至堂,晚号东樵,谥号端勤,东昌府(今山东聊城)人。杨以增出身诗书世家,他的父亲杨兆煜天资聪颖,学识广博,嘉庆三年(公元 1798 年)中举人,于嘉庆十八年(公元 1813 年)任即墨县教谕。杨兆煜本人精于鉴赏,好绘山水,喜好藏书,他的大量藏书成为日后杨以增藏书的基础。杨以增生于乾隆五十二年(公元 1787 年),从小勤奋好学,博览群书,而且酷爱藏书。杨以增于嘉庆八年(公元 1803 年)入痒就读,于嘉庆二十四年(公元 1819 年)中举人,于道光二年(公元 1822 年)中进士。他先后担任过贵州荔波和贵筑的知县、兴义和贵阳的知府、广西左江和湖北安襄荆郧的道员、河南的开河道、两淮的盐运使、甘肃的按察使、陕西的布政使以及陕甘的总督,后来又出任江南河道的总督,于咸丰五年(公元 1856 年)死在清江浦的任所里。

杨以增从小热爱藏书,在读书之时便秉承父业立志藏书。他做官后,利用在各地任官的便利条件,开始大量收集珍本古籍。杨以增的父亲杨兆煜于道光十八年(公元 1838 年)去世,杨以增奔丧归家，在为父亲守丧期间，他大规模藏书的志愿与日俱增，遂于道光二十年（公元1840年）在自己的故居修建了一座藏书楼。这是一座二层的小楼，取名海源阁。杨以增取其先河后海的寓意，即读书如河流入海，必探源头。杨以增亲自书写“海源阁”匾额，悬挂于藏书楼上层中间的门额之上，海源阁即成为杨以增的藏书阵地。而这个时期，清朝政府的统治已经日趋衰微，内忧外患导致社会动荡不安，一些私人藏书家迫于局势，纷纷散书易米，杨以增利用这个机会，广收博取，大肆聚书，藏书规模不断扩大。杨以增藏书，首重图书典籍的真伪和收藏价值，每得珍本，都先请当时的鉴赏家梅曾亮、高均儒、吴熙载等人过目甄别，所以他的藏书大都具有很高的收藏价值。杨以增任江南总督之时，曾借助官方漕运粮船，把他所搜得的图书典籍运回东昌老家藏入海源阁内，遂使海源阁成为清朝四大藏书楼之一，改变了当时藏书以江南为中心的格局。

杨以增于道光二十八年（公元1848年）到江南任江南河道总督，负责江苏、安徽两省黄河、淮河与运河的管理与修治工作。当时的江南是人文渊薮之地，文化气氛浓烈，经学大师顾炎武和阎若璩、藏书家程晋芳、诗人袁枚及思想家龚自珍等都曾在这里留下过文化活动的踪迹，而且江浙一带还是明清时期私人藏书活动的中心，为杨以增广收图书典籍提供了非常有利的条件。杨以增凭借自身声望、地位和资财，广收博取，充分敛集江南之地藏书的精华。他购得了黄氏的士礼居、秦氏的石研斋、鲍氏的知斋、惠氏的红豆山庄与方氏的碧琳琅馆内的许多散出之书。而江南大藏书家汪士钟艺芸书舍里的藏书散出之时，也被杨以增收购所得。汪士钟艺芸书舍中的藏书多是黄丕烈的旧藏以及毛晋、钱曾等藏书的精华珍本，尤其是黄丕烈的藏书可谓富甲天下，号称乾嘉年间文献之宗王，三百年来藏书之巨擘，但是黄丕烈在晚年的时候，家道中落，加上疾病缠身，不得不卖书易米，结果被杨以增所得。杨以增这个时期收藏的书包括历经多位著名藏书家递藏的北宋本《淮南鸿烈解》、宋椠本《三国志》、宋本《周礼》、宋巾箱本《春秋经传集解》、藏书家历来珍视的南宋刻递修本《陶渊明集》、宋汤汉注南宋刻本《陶靖节先生诗》、南书房学士查慎行收藏的南宋建本《毛诗》以及世所罕见的金本《新刊韵略》等。杨以增在他的海源阁里专设有宋存书室和四经四史之斋等，专藏稀世秘籍。这个时期也便成为杨以增一生藏书活动的鼎盛时期。

杨以增不仅嗜好藏书，也喜欢对稀世文献进行刻印的活动。他在道光十七年(公元 1837 年)第一次开始刻书。他和翟云升、陈官俊一起合作，用一年多时间刻完了翟云升的著作《隶篇》。杨以增任江南河道总督期间，曾在总督署内后院的荷芳书院里对许多有价值的图书典籍进行刻印，先后刻书三十余种，《海源阁丛书》是其中之一，书中包括《蔡中郎集》《三续千字文》《六艺纲目》《九水山房文存》《助字辨略》和《惜抱先生尺牍》等，还刻有《尔雅义疏》二十卷、《六艺堂诗礼七编》二十六卷以及地理书《禹贡九州图》《恒星赤道图》《皇朝一统图》《万国地球图》等。杨以增的刻书活动不是自己单枪匹马进行，是由他的幕客包世臣和他的儿子杨绍和等协助下进行的，精于声训版本之学的高均儒长期住在他的河督署内，为他校勘了《海源阁丛书》。桐城派散文大家梅曾亮也曾为杨以增校勘仿宋本《蔡中郎集》等。杨以增所刻书籍多以宋、元本为主，选书严谨，校勘精审，印制精美，致使他的刻本多成为经典之作，被《中国丛书综录》《清人别集总目》和《续修四库全书》等著名书目著录。其中《蔡中郎集》和《柏枧山房集》等不少刻本甚至成为善本与孤本。杨以增的刻本对这些文献的保存和流传发挥了重要的作用，在清朝私家刻书史上占有不可替代的地位，对北方刻书之风的兴起以及中国古代刻书事业的发展都具有十分重大的意义。

杨以增本人还擅长著述活动。梅曾亮就说他“名物、象数、音声、训诂亦勤恳研究”，而且卓有成见。他曾在《礼理篇》书后一文中对清朝中期兴起的“礼”与“理”之争做了系统地阐述，为平息当时的这种争论起到了积极的作用。他还在《海源阁藏书记》中提出有关治学的“海源”学说，影响甚大。他的《古韵分部谐声》对后世也产生了极大的影响。

杨以增的一生是藏书、刻书与著书的一生，他的海源阁收藏了大量的稀世珍本，使其以藏书之宏富、版本之精善著称于世。后来海源阁中的部分珍藏善本还被辗转收入北京图书馆和山东省图书馆等，成为镇馆之宝。杨以增与他的海源阁为保存中国古代文化遗产和传承中华文明做出了不可磨灭的贡献。

龚显曾

龚显曾（公元 1841—1885 年），字毓沂，号咏樵，曾号盥薇公子，晋江人。他出身书香世家，幼年时期开始跟随同乡举人许祖涝学习，后来御史陈庆镛告老回乡，龚显曾便又拜他为师，学习专研经学以及金石考据学。龚显曾于同治二年（公元 1863 年）中进士，进入翰林院任庶吉士和散馆授编修，后来在翰林院专门管理御制文字之类的工作。但是在京城任上没待几年，他便因病告假回家，从此以教书为乐。光绪九年（公元 1883 年）的时候，法国与越南发生战争，清朝政府派兵支援越南，福州团练大臣林寿图奏请当朝皇帝任命龚显曾为襄办，龚显曾到任后没几年便因积劳成疾于光绪十一年去世。

龚显曾一生短暂,却聚书无数,他从少年到成年之时,一直嗜书如命,一天到晚手不释卷,读书之余,收罗典籍,探讨艺文,潜心著述,成为清朝末年泉州有名的诗人和藏书家。龚显曾为了藏书不惜节衣缩食,经过不懈搜求,他的藏书楼亦园藏书有三万卷之多。他的好朋友陈棨仁在《寿咏樵太史四十初度》中说他:"卖文买书书满家,宋元精椠卑麻沙。百城坐拥贫亦富,谁复计较油盐茶。著书今得数尺厚,腔牍丛话千金帚。晨书暝写不知疲,时时复掉苦吟首。"

龚显曾在亦园中的藏书,一则来自于他收集的乡邦文献。他在自己的著述《亦园脞牍》中记载:"日以摩挲鼎彝,搜碑版为乐","喜搜辑乡邦文献","前岁家居以十金购得榕村李氏旧藏"等。另一个则来源于他在江浙、京师等地做官之时所购得的图书典籍。龚显曾喜欢搜求珍异之书,旅居北京的时期,为了得到一本珍秘典籍,不惜典衣减餐。如此的苦心集聚,他搜购到天一阁的旧藏本二百余册、一些汲古阁内的抄本、谦牧堂的旧抄本以及难得一见的四库底本,藏入他的亦园。其中旧抄本书得天一阁的最多,都是绵茧蓝丝阑抄本。另外,龚显曾还从祁氏的澹生堂、鲍氏的知不足斋和金氏的文瑞楼等处购得不少善本。从这里我们可以窥知,龚显曾的亦园藏书不仅数量不少,而且质量上乘。陈棨仁在为龚显曾《亦园脞牍》所作序言中就说:"老屋数椽,庋架三万卷,异本鳞次、祁寒溽暑,沉浸其间,以善价收书,以虚心励学,以雄才攻文,以完力纂古目。"

龚显曾不但聚书,而且还醉心于著述,他的《亦园脞牍》在当时颇负盛名。《亦园脞牍》的卷四为《金艺文志补录》,是他在查阅大量资料的基础上呕心沥血完成的。当时龚显曾发现《金史》的艺文志有残缺,便查阅了《御定全金诗》《四库书目提要》《中州集》《归潜志》《焦氏经籍志》、朱彝尊的《经义考》、张金吾的《爱日精庐藏书志》等书，抄录金人的撰述，同时又参阅钱大昕、倪灿以及金门诏等人的书目，旁证互稽，最后才完成《金艺文志补录》的编撰。《金艺文志补录》的书目沿用四部分类，收经部七十一种，史部八十三种，子部一百三十八种，集部一百四十六种，共计四百三十八种。龚显曾在这部书中除了记录书名、卷数和撰者外，还辑录了各家书目的相异之处，如若没有丰富的藏书和渊博的学识，完成这样庞大精细的书目编撰是难以想象的。

龚显曾也曾从事刻书事业，他擅长古近体诗和骈文，曾组织桐荫吟社，刊印《桐荫吟社甲乙编诗集》等。

龚显曾的藏书、著书、刻书活动对清朝藏书事业的兴盛做出了积极的贡献。

陈揆

陈揆，字子准，江苏常熟人。他幼年丧亲，但博学多闻，尤其喜欢研究古籍文献。陈揆在弱冠之时补博士弟子员，参加省试时，答卷洋洋洒洒数千言，但因为踰格遭到考官贬斥，自此他对仕途灰心，绝了做官的念头，开始一心一意收购图书典籍，日夜潜心攻读。他每购得一本秘籍，都要亲自过目校订。假若偶遇一本前人的校本，会想尽办法购归已有。陈揆平时和张金吾来往甚密，当时张金吾住在城西，陈揆居城稍南处，两家相距很近，闲暇之时便各拿自己所获图籍，赏奇辨疑，有无通假，时人称他们为“藏书二友”。

陈揆的藏书楼称为稽瑞楼，得名缘于他“尝于书舶得唐刘赓稽瑞一卷，为向来藏书家未经著录者，因以名其楼”。稽瑞楼中的藏书，除了陈家原有的旧藏，其余的都是陈揆自己努力从多方收购所得的，其中的精华部分是从同邑钱曾的述古堂、毛晋的汲古阁和黄丕烈的士礼居所购得的善本，有一部分更是宋元旧刻和精抄本。陈揆曾为自己稽瑞楼内藏书编撰有一部《稽瑞楼书目》，书目分为邑中著述、附记各橱、近代地志和小橱丛书四部分，没有分卷。《稽瑞楼书目》共著录陈揆的藏书两千三百多部，十万多卷，这两千三百多部收藏中，有宋刻本三十三种、元刻本二十一种、金刻本两种、高丽刻本两种、旧刻本一百七十六种、抄本五百七十三种、元抄本两种、影宋抄本十九种、影元抄本三种、影金抄本一种、旧抄本一百六十九种以及名人校本一百三十余种。其中邑中著述收虞邑乡人著述以及与虞邑关著述五百多部，后来陈揆一百六十部总计四百六十一册的邑中著述于清朝道光三年（公元1823）五月捐入破山兴福寺。《稽瑞楼书目》最终也没有刊行，陈揆死后，这部书为翁心存所得，后来潘祖荫于清光绪三年（公元1877年）向翁心存后人翁同龢借出这部书，刊入《滂喜斋丛书》。

陈揆收藏图书典籍，尤其喜欢虞邑乡邦文献的搜罗与补校，“凡邑中著述，自宋元迄今，搜罗殆遍。庋诸破山寺之救虎阁，不下百余种”。他还查阅各种史志、政书和名人文集，对南宋孙应时、元代卢镇等人纂修的三部《琴川志》和续志进行修订删补，他看到《琴川志》所收元代人物事迹非常少，便从金石碑刻和名人文集中增补了元代人物传记，编撰成《琴川志注草》十二卷和《琴川续志》十卷，被孙原湘誉为“邑乘之嚆矢”。他还辑录了自唐迄元虞邑人所著以及他邑人所著与虞邑有关之文章、诗词，编成《虞邑遗文录》十卷及《补集》六卷。另外，他还著有《稽瑞文草》一卷。

总之，陈揆生活于清朝乾隆与嘉靖朝之际，喜好宋元刻本、旧抄本及名人校本，他的藏书以唐以前著作略备，多宋元旧刻、旧抄本、名人校本而著称于世，这是陈揆的藏书特色。

陈揆与把古书当作古玩、玩物的某些藏书家不同，他认为应本着藏以致用的宗旨和求真求实的精神对待古书，在中国古代藏书事业史上写下了属于自己的灿烂一笔。

朱学勤

朱学勤，字修伯，浙江仁和塘栖人。朱家是当时的大族，朱学勤在幼年时期在他父亲朱以升和伯父朱以泰的支持下接受了良好的教育，很早就展现出不俗的才华。朱学勤于咸丰元年中举人、咸丰三年中进士，自此便踏上仕途。他在清朝政府的军机处做官长达十七年，亲历晚清时期的诸多历史事件。朱学勤虽然在军机处任职，但他生性喜好古籍收藏，并为自己专修一处藏书楼，取名结一庐。结一庐得名于朱学勤对理想生活的一种追求，“矧承廷诰，业富缣缃。龙威灵宝，石室斯藏。假之闲福，稗老江乡。结庐五亩，买山一房。二分水竹，万轴琳琅。药炉茶灶，二子侍旁。经传刘向，说衍毛苌。针育起废，神明以康。天胡吝此，悠悠彼苍”。可惜朱学勤最后死在任上，从未体验过他理想中的退隐生活，但是结一庐在他生前被经营得风生水起。

结一庐内的藏书来源，其一是朱学勤在北京做官期间所获得的图书典籍。叶昌炽曾在《藏书纪事诗》中记录有朱学勤收藏之事：“咸丰庚申，英人焚淀园，京师戒严，持朱提一笏，至厂肆即可载书兼两，仁和朱修伯先生得之最多。”朱学勤当政时期恰逢社会动荡，大批藏书散入书肆，为朱学勤购书提供了极大的方便。朱学勤所得藏书以得怡府旧藏最为珍贵。怡府藏书属清朝宗室藏书中大家，传承长达百年之久。怡府藏书始于怡贤亲王允祥，历经百年之后直到端华被朝廷诛杀，怡府败落，里面的藏书逐渐流散而出。怡府原有的藏书多为精善，据说“绛云楼未火之前，其宋元精本大半为毛子晋，钱遵王所得。毛钱两家散出，半归徐健庵，季沧苇。徐、季之书，由何义门介绍，归于怡府”。怡府中的藏书即使在清朝政府纂修《四库全书》大肆征集图书时，也没有呈进献出，因此它的藏书保持得非常完整。后来怡府中的藏书散出后被朱学勤购得，成为结一庐藏书中的精华部分。除了买得怡府的旧藏之外，朱学勤从别处置买了许多图书典籍。其中之一是彭元瑞的藏书。彭元瑞是江西南昌人，清朝乾隆皇帝当政时期的名臣，曾经担任过四库书馆的管理官员。彭元瑞的藏书处所名为“知圣道斋”，里面所藏以抄本著名，其中也不乏宋元旧椠，彭氏藏书最后多数被朱学勤收购。朱学勤藏书另一个所得是收买山东诸城刘喜海藏书。刘喜海，字燕庭，是清朝嘉靖和道光年间的文献大家，以收藏古籍和金石著称，尤其嗜好搜奇书。他的收藏之中还有十种宋刻唐人集，珍贵无比，最后为朱学勤所得。

朱学勤结一庐的藏书，除了从北京之地购得外，还有从江浙地区所获之书。明清以来，江南是文人荟萃之地，藏书事业非常发达，名家云集，珍本秘籍屡屡惊现，被辗转收藏。在康熙末至乾隆的百年之间，杭州一地就涌现出了吴氏的瓶花斋、汪氏的欣托斋、赵氏的小山堂、杭氏的道古堂、汪氏的振绮堂等著名藏书楼。但是清朝中期以后，江南之地的私人藏书家们受到太平天国运动等战事的影响，家庭遭到变故，所藏之书纷纷流出。朱学勤从这里收购了大量藏书，其中之一是从劳氏的丹铅精舍中所得藏书。劳氏是朱学勤的同乡，劳家的藏书始于劳笙元，后经儿子劳权和劳格兄弟辛苦经营，朱学勤在小的时候还从劳家借书，昼夜抄诵。劳家藏书自劳格死后逐渐散出，作为同乡的朱学勤得知情况后积极收购,从劳家所得藏书多为名家精校本。其二是从顾沅的艺海楼所得的藏书。顾沅,字澧兰,号湘舟,是苏州的藏书名家。他家的藏书被朱学勤收购的亦不在少数,其中抄本最多。自此,结一庐的藏书已经颇具规模。

朱学勤死后,他的长子朱澄和次子朱溍接管了结一庐,对其中的藏书继续护持与发展,特别是朱澄继承其父的遗志。朱澄,字子清,也特别喜好藏书,与缪荃孙、孙诒让等晚清学术名流交往频繁,据说他"尤工搜访,冷摊小市,无往不到,所得益多。畅谈版本之得失,书籍之源流,四部七略如瓶泻水"。在朱澄的苦心访求下,结一庐的藏书比朱学勤旧有的藏书规模扩大了一倍还多,新增书目八百余种。朱学勤的次子朱溍,字子涵,也能做到笃守家学,他曾经委托缪荃孙刊刻了《结一庐朱氏剩余丛书》,传给后人。自此,结一庐的藏书经过朱氏父子的苦心经营,藏书规模日趋扩大,收藏图书典籍特色鲜明,成为当时的藏书名家。

但是,结一庐之藏只历经两代繁盛便开始衰落流散。朱澄死后,他的儿子对藏书不感兴趣,动了市书易米的念头。一时之间书商、藏家频繁往来结一庐收购藏书,当时的大收藏家陆心源等也觊觎结一庐的藏书。张佩纶作为朱学勤的女婿,以编《结一庐书目》为由,低价收购了结一庐的许多藏书。而在这个时候,缪荃孙和刘承干也购得结一庐的一部分旧藏。最后,结一庐的旧藏甚至有一部分流散到了日本。结一庐的藏书转入张佩纶手中经营之后,虽然期间波折不断,但总算还是保存完好,最后这些藏书都归于上海图书馆妥善保存,结局还算圆满。

朱氏父子在苦心为结一庐搜访图书典籍的过程中,还对结一庐中的藏书进行了很好地开发与利用。

首先,朱氏父子编撰了结一庐的藏书目录,以便于更好地对藏书进行典藏管理。结一庐处于兴盛的那个时期，私人藏书家大多都热衷于藏书目录的编撰活动，朱氏父子也不例外。结一庐书目的编撰一直伴随着结一庐的藏书活动进行。朱氏父子先后编有四种书目，《结一庐书目》与《别本结一庐书目》两个书目是结一庐藏书初期的目录所集，即朱学勤时期结一庐的藏书状况，是由朱氏父子共同完成的。《结一庐书目》全书四卷，也遵从当时经、史、子、集四部分类之法。编撰之法比较简单，登记目录仅记书名、作者、卷数以及版本情况。这部书总共辑录图书典籍八百多种，其中集部典籍最多，有五百多种，反映出结一庐主人的藏书志趣。当时，缪荃孙对《结一庐书目》的评价极高，认为“即此一编，高出寻常收藏家万万”。《别本结一庐书目》只有一卷，是依据版本情况进行分类的，分为宋版、元版、旧版、抄本、通行本五类，而抄本、通行本下又按经、史、子、集四部分类。抄本中所录都是明版，通行本收录的则是坊间易得之本。《别本结一庐书目》是结一庐藏书的版本目录，著录内容也十分简单，只录书名、作者与卷数，只有少数藏书有著录刊版情况。这部书共著录图书九百余部，其中有一部分目录在《结一庐书目》里找不到。朱澄所编的目录也有两种。其一是《复庐书目》，这部目录书一直没有找到，估计是散佚了。复庐是朱澄的号，朱澄在朱学勤死后仍然在不断购书，结一庐内的藏书越来越多。《复庐书目》应该是朱澄自己所购图书的目录之编。另外一本目录书，甚至连书名也失载了。只在张佩纶写给朱澧的信札中有信息记载：“书目居然寄到四本，以仁义礼智分编，每编四十余箱，共一百六十三箱（仁字阙廿五至四十五十八箱，义字亦阙四箱），信字一本。”最后这本失去书名的目录著作应该是以仁、义、礼、智、信编排，而且与书箱有关联，疑是结一庐藏书的排架目录，当用于陈列摆设，便于取放之用。

而张佩纶许诺的要编写反映结一庐藏书全貌的《结一庐藏书目》似乎最终也没有编成，不能不说这是结一庐藏书的最后遗憾。

其次，朱氏父子辑刻丛书，嘉惠后人。结一庐内所藏图书典籍丰盛，其中不乏珍本秘籍。朱氏父子希望能通过丛书的刊刻，使自家藏书的功用得到充分发挥，也是积功累德的一件大事。但是基于当时的条件所限，最后从结一庐辑刻出来的丛书实际上只有一种，即《结一庐朱氏剩余丛书》。这本书虽然命名为丛书，但规模小得可怜，所收单书只有四种，即宋朝赵明诚编撰的《金石录》三十卷，后附缪荃孙编撰的《札记》和《今存碑目》各一卷；唐朝张说编撰的《张说之文集》二十五卷、《补遗》五卷；唐朝刘禹锡编撰的《刘宾客文集》三十卷、《外集》十卷；唐朝司空图编撰的《司空表圣文集》十卷。从这部书的书名也可以看出，其刊刻的时间很晚，应该是在结一庐的藏书卖给张佩纶之后的事了。但是《结一庐朱氏剩余丛书》所收诸书的底本都是善本，具有非常重要意义，还经过朱氏父子的精心校勘，价值算是斐然，自然可以嘉惠后人，对学界大有裨益，算是圆了朱氏父子当年藏书的愿望。

最后，朱氏父子利用结一庐藏书著书立说。朱学勤虽然活跃在官场，但其在学术研究上也是颇有建树，有很多的作品留传后世，像《枢桓日记》和《读书跋识》等，可惜这些作品多数散佚了，现今可以查到的寥寥无几。现存的《结一庐遗文》两卷中，除了收入济世经邦的《岁出岁入总数考》一文外，剩下的都是朱学勤本人所撰写的金石与典籍题跋，例如《蜀石经左氏残本跋》和《宋本周礼注疏跋》等文都是朱氏所写，文中涉及了很多考证性的内容，可见朱学勤本人的学术素养之高。而且朱氏父子还利用结一庐的藏书，进行学术研究活动，其中在目录学上的成就非常大，他们的代表作是《朱修伯批本四库简明目录》和《汇刻书目》。朱学勤对《四库简目》的批注本流传不广，所以知道的人很少，历来以邵懿辰和莫友芝最负盛名。朱氏的批注本虽然在著录版本的总量上比不上邵、莫两家，但它的可贵之在于是著录中的通行本，便于查找。丛书目录的编撰始于顾修的《汇刻书目》，是在丛书编纂渐成规模的背景下出现的产物。朱学勤所编撰的《汇刻书目》对顾修的草创之目多有增益和删改，在当时影响很大，致使此后的人们很少再看顾氏的书。

结一庐的藏书来源众多，收藏源流明晰，所藏数量巨大，成为清朝时期重要的私人藏书之家。而结一庐内的藏书特色更是"最擅精博，为海内所推"，藏书质量精良，数量巨大。结一庐藏书之精体现在版本之精良上。清朝时期的藏书家喜好收藏古书之版本，佞宋嗜元之风盛行，结一庐的藏书也难以摆脱这种风气。结一庐的藏书集萃南北两地的精华，授受源流清楚明晰，很多为历代藏家珍重的旧椠都归藏于此。当时结一庐所藏宋本有三十多种，元刻本八十多种，其中还有元刻《农桑辑要》等非常罕见之书。而结一庐藏书的最大特色则在于精抄本和精校本的收藏。抄本、校本是刻本书籍的重要补充，历来为藏书家所看重。这些抄写工整、精细且被精心校勘的又具有较高学术价值的精抄本、精校本的价值绝不输于宋元旧椠，而《结一庐书目》中标明抄本、校本的很多，里面还有汲古阁抄本和顾千里、何义门的精校本。结一庐藏书之精还体现在内容的精良上。历来的藏书家们因为藏书志趣相同，有喜好收藏正经正史的，也有喜好收藏天下奇书的。而结一庐则是偏向集部文献的收藏，集部文献所占藏书的比例非常大，近六成之多。当然这种藏书比例也与结一庐的藏书来源有关，像刘喜海那类的收藏家就是以集部文献的收藏著称于世的，这一特点自然也被后起的结一庐所继承。

结一庐藏书规模巨大，就《结一庐书目》和《别本结一庐书目》中所记藏书就千余种，三万多卷。之后继续收藏翻倍后，结一庐的藏书应有两千余种，五万多卷。在当时来讲，这个规模已相当可观了。等到结一庐的藏书卖给张佩纶时，总共装了一百八十多箱，可见所藏之巨。

总之，曾经存在的结一庐在中国古代的藏书史上具有重要的价值。首先，朱氏父子通过藏书的整理与利用，为嘉惠学林做了很多的好事，扩大了结一庐藏书的影响范围，于一定程度上实现了藏书的利用价值。其次，崛起于清朝中晚期的结一庐，承继了清朝前期的私藏成就，而这部分藏书又绵延传承，最后入藏上海图书馆，实现了在漫长的岁月里图书典籍的传承与弘扬。

刘秉璋

刘秉璋（公元1826—1905年），字仲良，安徽庐江县刘墩人，是晚清时期的重臣。他从小胸怀大志，壮年中举后入翰林院任编修，后来投笔从戎，力抗外侮，指挥了著名的“镇海之役”。后来牵涉入成都教案之中，被罢免官职。刘秉璋为官勤政廉洁，他督蜀十年之中，曾采用竹笼古法维修都江堰水利工程，造福百姓。他一生淡泊名利，重视教育，为家乡捐建了三乐堂书院、南京庐江试馆，还在庐阳书院、敬敷书院、崇文书院设立了助学资金等。

刘秉璋的祖上便有藏书传统，嗜好收藏，到刘秉璋这一代更是把藏书视为一种神圣的职责。刘秉璋在安徽老家庐江修建有一座远近闻名的藏书楼，称为远碧楼。刘秉璋为远碧楼藏书编撰有《远碧楼经籍目录》三十二卷，其中著录古籍两万四千部，明版居多，亦不乏八九种宋、元珍籍，方志有一千多部。后来郑振铎对

《远碧楼经籍目录》做过考证，认为其中精善之本虽不算太多，但确有一些外界不经见之书。后来郑振铎又亲自为刘秉璋的藏书选编了《远碧楼善本书目》五卷，主要收录宋元刊本、抄校本及明刊精本。

刘秉璋的儿子刘体信继承了父亲的遗志，热衷藏书事业。刘体信后来为远碧楼增藏有七千六百九十余种，共一万零三百余卷。刘体信的藏书以清人著作为主，多是地方志书和关于楚辞方面的书。刘体信与刘秉璋一样，一生对官场和商界没有兴趣，以坐拥书城、俯仰山海之藏为人生乐事。他凭借自家丰富的藏书把著述做到“无一语一书凿空”，论事“皆有依据，少则一书，多则数十种”。其中，他所著的《桐城文学渊源考》十三卷，编入的人物有六百四十多人，征引典籍千余种，由此足见他家藏书之丰。

瞿氏

瞿氏的铁琴铜剑楼藏书是清朝私藏的集大成者，历经瞿氏五代人的苦心经营，内中所收多为宋元旧椠。从道光年间开始，瞿氏的铁琴铜剑楼大量收购邑中陈揆的稽瑞楼和张金吾的爱日精庐所藏的散出之书，而陈揆和张金吾原藏都是吴中著名藏书家周锡瓒、袁廷梼、顾之逵、黄丕烈四家所藏宋元旧椠，多是精品。后来，瞿氏的铁琴铜剑楼所藏善本被收入《铁琴铜剑楼藏书目录》的典籍有一千一百九十四种，其中宋刻有一百七十三种、金刻有四种、元刻有一百八十四种、明刻有二百七十五种，抄本四百九十种、校本六十一种以及其他七种，收到元人著述结束。瞿氏的铁琴铜剑楼藏书尤以经部为精，继承了常熟派藏书家收藏图书偏重正经正史，尤其尊经的收藏传统。翁同龢在《〈虹月归来图〉记》中指出铁琴铜剑楼藏书的这一特点：“瞿氏三世聚书，所收必宋元旧椠,其精者尤在经部。”

瞿氏的铁琴铜剑楼藏书多以稿本、孤本见长,抄本也不少,因而瞿抄,即瞿氏铁琴铜剑楼抄本的简称,后来成为公私藏家争相购置的重要抄本。

瞿氏延传的五代人都喜欢抄书,抄时精雕细刻,因而铁琴铜剑楼的抄本以抄校精良闻名于世,许多罕见之书被通过影抄、精抄传世。清朝宣统三年(公元1911年),瞿氏进呈于京师图书馆的善本抄本有一百种。《铁琴铜剑楼藏书目录》中抄本就有四百九十种,这些精校精抄本以其内容完善、世无刻本、世所罕见、抄写精美为后人所重。

瞿氏的铁琴铜剑楼藏书还多乡邦文献,成为区域文献渊薮。瞿氏在道光年间大量收购邑中陈揆的稽瑞楼散出之书,其中很多图书都以方志见长。瞿氏也热心于收集宋、元、明、清吴地乡邦文献,最后所得地方志有四百余种。瞿氏的此类收藏,为地方志的修纂提供了极大的方便。后来丁祖荫等编撰《重修常昭合志》时,就是借助于瞿氏所藏乡邦文献完成的。而且,瞿氏也利用铁琴铜剑楼内的藏书,抄录整理了大量乡邦文献。例如,由瞿氏自己抄录整理的《虞阳说汇》便是古籍善本丛书,所收子目都是有关家乡常熟的历史小说和故事等,史料价值甚高。

瞿氏的铁琴铜剑楼还多藏有目录学方面的图书典籍。后来,瞿氏的铁琴铜剑楼内的藏书多捐献给了国家的图书馆,其中的目录图书典籍占了很大一部分。尤其是瞿凤起,更为重视收藏各种书目,后来他们捐赠给常熟图书馆的图书中就有一百多种目录学典籍。

瞿氏的铁琴铜剑楼以藏书为主,但也兼藏文物。瞿氏从第一代楼主瞿绍基开始,收藏图书典籍的同时也旁及金石。瞿氏藏书楼之所以命名为铁琴铜剑楼，也是因为里面收藏有珍贵无比的铁琴和铜剑。第二代楼主瞿镛更是爱好金石文字，同时还兼及鼎彝古印书画。因而瞿氏的铁琴铜剑楼中收藏有大量的书画、金石、书画、印章以及铜镜等器物。后来，铁琴铜剑楼的最后一任楼主在陆续将藏书捐献给国家的同时，也将所藏文物捐了出去。

总之，瞿氏的铁琴铜剑楼的藏书不仅质量高而且精品多。例如，现藏常熟市博物馆的五代刻本《一切如来心秘密全身舍利宝箧印陀罗尼经》，原藏杭州雷峰塔塔砖中，瞿启甲有幸获得一卷，为国内所藏最完整和精美者之一。瞿氏原藏的《周易注疏》十三卷，由魏王弼、晋韩康伯注，唐孔颖达疏，南宋两浙东路茶盐司刻宋元递修本，珍异无比。再如，《说文解字系传》残宋本十一卷原为汪士钟的旧藏，后由铁琴铜剑楼的主人所藏。铁琴铜剑楼的藏书除经部之外，其他部类所藏也有很多是精品。

刘承干

刘承干（公元 1882—1963 年），南浔嘉业堂主人，字贞一，号翰怡，别号求恕居士，浙江吴兴（今湖州）人，是清朝末年的大收藏家。刘承干的祖父刘镛以丝业起家，后涉足经营盐业、茶业、典当、垦牧、房地产等，最后终成南浔首富。刘镛的长子刘安澜英年早逝，刘镛便把次子刘安江的长子刘承干出继给刘安澜。等刘镛过世之后，刘承干以长子、长孙身份继承了爷爷的财产，在当时可谓富极一时。刘承干这个人生性好风雅，热心藏书与刻书事业，常常为此一掷千金。刘承干从清代末年开始收藏传统的图书典籍，收藏之丰盛无人可及。嘉业堂全盛的时期，收藏的古籍多达二十万册，六十万卷。这个藏书数字是刘承干自己多次提到的。据说溥仪有一次曾当面问刘承干："听说你们家藏书挺多的？"刘承干回答："有六十万卷吧。"

嘉业堂所藏的图书典籍不但缥缃满架，而且精品纷呈，其中宋元椠本、明清刊本、稿抄本、地方志书是嘉业堂藏书的四大特色，尤其是明刊本与稿抄本，更是他的收藏精华之所在。

刘承干从清朝宣统（公元 1910 年）年间开始了有意识的大规模的聚书活动。这一年他参加由清朝政府工商部在江宁举办的南洋劝业会，开会期间，他徒步到江宁旧书业荟萃之地的状元境各书肆，遍览群书，最后置买了两车书拉回家。后来各地书商听说刘承干好聚书，便纷纷携书上门卖于他。1911 年辛亥革命爆发后，许多麇集在上海的旧家世族此时已经家道中落，生计维艰，纷纷以藏书易米，而这时已经携家移居上海的刘承干依然富足，拥有巨额财富，便抛掷千金大量收购那些易米之书。再加上他结识了缪艺风等清朝遗老，版本目录学知识也与日俱增，种种机缘终使他成为一代藏书大家。

综而观之，嘉业堂内的藏书主要有三个来源：购买、抄录以及有人向刘承干借款而到期无力赎回的抵押品。购买的藏书来源有五种途径。一是从友人处购买。刘承干的朋友缪荃孙在活着的时候就曾多次把自己艺风堂内的善本卖给刘承干。例如，《缘督庐日记钞》在 1916 年 8 月 5 日记载："艺风以精椠易米，翰怡持函目见示，以宋刻《尚书正义》二十卷、《新唐书》二百二十五卷为巨擘，《圣宋文选》有荛圃跋，《庶斋老学丛谈》明钱功甫抄本，又有唐《窦氏联珠集》，宋范文正、吕东莱两集，共宋本十四种，抄本四种。直二万元。"缪荃孙去世之后，他的艺风堂的遗藏被陈立炎收购，后来陈立炎悉数转卖给了刘承干 。二是托人代购。刘承干委托蒋孟蘋经手购入浙江湖州颜氏藏书一百四十部三千二百四十册，购入礼王府旧物殿版《古今图书集成》七千余册，当时装书的楠木盒就有五百多个，还购入浙江诸暨孙问清的藏书十六种，包括宋椠《重校鹤山先生大全文集》《诸葛武侯传》等。当时，刘承干托朋友购入了沈韵斋藏书，购入《永乐大典》七册，翁方纲撰《四库全书提要》稿二十四箱，董康诵芬室藏书七种，广东番禺徐绍桢藏书宋椠一种、元椠四种。刘承业还托王锡生购入宋白鹭洲书院刊本《汉书》、宋一经堂刊本《后汉书》。三是自己亲自跑到书店采买。刘承干为买书不辞辛劳，足迹踏遍北京、南京、苏州、扬州、杭州及上海等地的书店。就上海的书店而言，他曾多次去过扫叶山房、蟫隐庐、博古斋、来青阁、古书流通处、中国书店、商务印书馆、中华书局、世界书局、新华书局、同文书店、觉民书店、中西书局、医学书局、校经山房等。四是购买书商上门推销之书。携书登嘉业堂之门推销的书商来自全国各地，其中曾登门给刘承业卖过书的著名书商就有段镜轩、朱甸卿、钱长美、王仁权、刘少卿、柳蓉春、柳企云父子、杨云溪、杨寿祺祖孙、邱绍周、郑长发、李宝泉、李紫东、陈立炎、罗振常、卞瑞芝、杨馥堂、汤治平、李培华、汤怀之、魏照明、管振之、冯选青、夏炳泉、唐升、徐松甫、陈新斋、金守梅、严志斋、倪子卿等人，这些书商为刘承干的嘉业堂提供了大量的古籍善本。五是从其他处购置。刘承干收购了广东丰顺丁日昌持静斋的藏书，又从段镜轩那里购入十四种善本，从汤治平那里购入四种。刘承干还从钱长美那里购入结一庐所刻版片四种以及朱氏藏书二百八十四种，其中结一庐的四种刻本是《张说之文集》《金石录》《刘宾客文集》《司空表圣文集》。他还从钱长美处购入南雍本《二十一史》等书。1914 年初，宁波天一阁的藏书遭窃后，部分藏书流入书肆。刘承干多方打听，最后从朱甸卿处购入天一阁一些散佚的书，其中有明朝刻本五种、明朝抄本一种。后来，刘承业又从柳蓉春那里购入明朝抄本二十三种、明朝刻本十种，从陈立炎那里购得明朝抄本两种、明朝刊本一种，还把湖南郭调元的一部分藏书收购归己。刘承干经人介绍收购了贵州独山莫氏影山草堂的藏书、江苏太仓缪蘅甫东仓书库的藏书、浙江宁波卢氏抱经楼的藏书。后来，刘承干又陆续购进抄本《旧五代史》、袁抱存的藏书，钱长美处宋本一种，李紫东处元刊两种，李紫东处《永乐大典》数册。

有些难以用金钱购到的重要图书典籍，刘承干就花钱雇人抄写，其中他雇人抄写的《清实录》《清史列传》《湖录经籍考》等书史料价值极高。比如《清实录》有四千四百七十四卷，八百六十三册，书中记录有各朝重要的国典大政、社会现象、军事外交、经济活动、思想文化等重要内容，是清代官修的编年体史料长编，当时国内仅有一部正本得以保存，刘承干便想办法雇人将此书抄录出来藏入自己的嘉业堂。《清史列传》共有八十卷，其中《宗室王公传》有三卷、《大臣画一传档正编》有二十二卷、《大臣传次编》有十卷、《大臣传续编》有九卷、《大臣画一传档后编》有十二卷、《新办大臣传》有五卷、《已纂未进大臣传》有三卷、《忠义传》有一卷、《儒林传上》有两卷、《儒林传下》有两卷、《文苑传》有四卷、《循吏传》有四卷、《贰臣传》有两卷、《逆臣传》有一卷，其中大约有两千余篇传记是定本《清史稿》的底本，在赵尔巽的《清史稿》中都未有收录，刘承干也想办法雇人抄录了出来的。由此也可以看出，刘承干在自己嘉业堂的藏书上面所花的精力和财力有多么庞大。

后来，嘉业堂的藏书大部分散佚，不知去向，但刘承干及其苦心经营的嘉业堂藏书在中国古代藏书事业史上留下了浓墨重彩的一笔，为后人永远铭记与敬仰。

李慈铭

李慈铭(公元1830-1894年),字炁伯,号莼客、越缦,浙江会稽人。李慈铭于清朝同治九年(公元1870年)中举人,于光绪六年(公元1880年)中进士。李慈铭作为晚清著名的学者、诗人,也是一位知名的藏书家,他一生喜欢藏书、读书,并在此基础上笔耕不辍,终以学问渊博、著述丰富而被称为旧文学之殿军。

李慈铭的藏书深受故乡文化的熏染,他的故乡绍兴从宋元时期起就是江浙文化的重心和私人藏书事业的中心,藏书成为当地普遍的社会风尚。等到明清时期,这种聚书之风愈加兴盛。例如,明朝末年著名的藏书家澹生堂的主人祁承㸁就是绍兴藏书家的杰出代表之一。李慈铭和祁氏家族还有祖上渊源,李慈铭第五世的祖妣祁孺人就是祁承㸁的玄孙女,即祁彪佳的曾孙女。浓厚的地域文化氛围和优良的家族藏书传统自然对李慈铭的成长和价值取向产生了重要的影响。

李慈铭的先祖在五代十国之时迁到绍兴定居,当时李家十分富有,以耕读传家。李慈铭很小的时候,他们家就已经有了一座藏书楼,名为困学楼,里面藏书多达万卷。可惜咸丰十一年(公元1861年),太平军攻陷绍兴,困学楼毁于兵燹,家藏之书损失殆尽,只有被李慈铭带到京师的一小部分书以及被亲友借去之书幸存下来,这些书后来成为李慈铭藏书的最初家底。后来他的大量藏书都是自己努力购买来的。李慈铭自年轻时就开始了收藏之举,并且终其一生。他年轻居乡之时,会稽城的仓桥街、姑苏城的学士街都是他经常光顾的场所。他到北京做官后,北京琉璃厂的善成堂、文菉堂、修竹山房及文渊堂、萃真堂、宝珍斋也成了他经常光顾之地。从咸丰十一年(公元1861年)到光绪十九年(公元1893年),他一直都在大量购书。每年的正月,李慈铭的闲暇时间比较多，加上亲戚朋友馈赠的财物也多，他就隔三岔五跑去书肆搜求图书典籍。李慈铭每年用来购书的开销庞大，例如就同治八年（公元 1869 年）一年，他全年总收入二百三十八番圆，银五十四两，总支出一百九十二番圆，钱二十三万五千五百八十文，其中购买书籍就支出十七番圆，钱一万五千文，占了总支出的近十分之一。每遇善本，李慈不论价格高低都要想方设法购得，有时沦落到衣食无着仍要置买书籍，赊欠书商钱款对他是习以为常之事。他在同治七年（公元 1868 年）九月廿九日的日记中便记载，"沈云帆秀才持《殿阁词林记》《纬略》及叶芸所辑《郡国官制改革考》来，予以直一番金。比日来穷甚日，有不举火之忧，而尚买此不急，不能自解也"。在咸丰八年（公元 1858 年）十月的日记中记载，"买得阎百诗《尚书今古文疏证》一部、《汉魏二十一家易注》一部、卢抱经校《家语》一部、汲版《酉阳杂俎》一部，价洋一元钱一千，赊之沈氏文聚堂"。秀才沈云帆是当时会稽仓桥街的书商，因为李慈铭常到他那里买书，二人后来成了好朋友。李慈铭当时的人缘很好，他其中的一部分藏书就是亲朋好友馈赠的。从咸丰九年（公元 1859 年）到光绪二十年（公元 1894 年），就有一百五十多位朋友向李慈铭馈赠过图书典籍，共计七百多种图书，近三千卷之多。像潘祖荫、周祖培、李鸿章、张之洞、王懿荣、缪荃孙、许景澄、袁昶、陆心源、孙诒让、周馥、王先谦等，都曾给李慈铭赠过书。

而与人互换书籍也成为李慈铭收藏书籍的重要来源，每当李慈铭在朋友处遇到难得一见之书，必会与朋友协商进行交换。他在光绪二年（公元 1876 年）六月初八日的日记里记载："初得竹篔书，以雅雨堂本《大戴礼记》、洪筠轩《管子义证》与予易抱经堂本《逸周书》。"当然，换书也有走眼的时候，他在咸丰六年（公元 1856 年）五月初十日的日记中记载："以《秦淮海全集》八册、张清恪刻《司马温公集》六册、《谢叠山全集》两册、《邹吁士文》一册与莲士易孙渊如《平津馆丛书甲集》六册、汤文正公《拟明史分修稿》八册。大吃亏而出者，司马非《传家集》，秦谢两集纸椠不佳故也，然新易者皆系全部中之一集，终让他便宜，真吃大亏。”

这么苦心凝聚，多年积累之后，李慈铭的藏书达五千卷之多，而且以精见称。他的藏书主要以江浙地方文献、考证考据类、京版图书为主，经史子集、野史小说、诗词歌赋他都有收藏。

李慈铭为人比较大方，在接受别人赠书之时，自己也讲求礼尚往来，时常向友人出赠图书典籍。尤其是他到晚年的时候，向外赠书更是常有之事。李慈铭既把书回赠给好友，也会把书赠予晚辈后学以表示关切之情，还会赠书为表达离别纪念等。沈宝森、陈寿祺、谭研孙、陈豪、樊增祥、周允臣、孙星华、沈晓湖、蔡元培、季邦贞、吕庭芷、殷萼庭、沈子敦、姜炳衡、傅以礼、羊复礼、许仙坪、王彦威等都曾接受过李慈铭的慷慨赠书。他自己记录的赠书事例有“作书致孙生子宜，赠以《尚书后案》元刻一部，《国语补音》微波榭本一册”，“作书致蓝洲，赠以阮刻日本山井鼎七经《孟子考文》及《物观补遗》，共四帙三十二册”，等等。

李慈铭一生于南北各地奔波，为生计忙碌不停，没有精力与财力像先辈藏书家一样为自己的藏书建有专门的藏书楼，加上保存管理不善，导致生前自己的许多藏书散佚、丢失。丢失原因之一是朋友借去不还。他原藏有《太平广记》一书，将其“置之几案，精致可爱，而为戚党所借，遂失去”。丢失原因之二是遭偷盗。他在咸丰七年（公元 1857 年）四月十九日的日记中记载：“终日昏睡，失去汲板《文选》一部。”丢失原因之三是被子孙售卖。和所有的藏书家的命运相同，死后他们的藏书便临厄运，李慈铭的藏书在他死后也在劫难逃。他的藏书多是手札笔记，价值非常高，来收购他的藏书的人可谓络绎不绝。不幸中的万幸是，除少数藏书散佚之外，李慈铭的后人将他所藏的图书典籍全部出售给北平图书馆收藏，这部分藏书共九千一百余册，内中手批手校之书共二百余种，约二千七百余册。最终使他的藏书有了一个好的归宿。

李慈铭不仅藏书，而且还在藏书的基础上读书治学。他认为凡人进德修业，事事从读书起，读书是一个人成器的重要途径，藏书全为读书，不读之藏，不如不藏。李慈铭是一位学者型的藏书家，他藏书的目的也主要是为自己治学之用，最终为实现学优则仕的政治目标努力。李慈铭曾耗时四十年之久写有一本《越缦堂日记》，总记录天数有一万三千四百一十七天，里面记录的内容繁杂，包含朋友之间的往还、家庭的困顿、国家大政以及自己所做的经史功课，等等。但是李慈铭最多描述和记录的还是自己对经史耕读时的感悟内容，日记天数达七千四百一十三天，占了整本日记的百分之五十五点三。后来，胡适读了《越缦堂日记》后评价李慈铭："宁可少睡几觉，不可一日无书。能读能校能注，先生不是蠹鱼。"

李慈铭读书涉及内容广泛，他自谓"所读之书与所为之业，自经史以及稗说、梵夹、词曲亦无不涉猎而模仿之也"。学者王标曾经对《越缦堂日记》做过一次统计，李慈铭在日记中提到的曾读过的书总共有八百九十二种，经部图书一百八十五种、史部图书二百一十三种、子部图书二百零七种、集部图书二百八十七种，图书内容包括哲学、政治、宗教、历史、地理、语言、文学、艺术、军事、科技以及综合类图书，等等。不过，他还是阅读研究本朝的图书典籍比较多，所读八百九十二种书中，清朝的图书典籍就有五百九十二种，占了他所读图书典籍总数的百分之六十六。这样的阅读倾向也与李慈铭的生活状况有关系，他一生生活困顿、经济拮据,所得薪俸在维持正常的生活开销后也剩不了多少,对宋元佳椠是无力购得,当然对明本也不敢问津了,他的那些藏书多是清朝时期出版的通行本子,价格比较便宜,内容也多是清朝士人的诗文别集之类。从这一点上我们可以看出,一个收藏家所藏图书典籍的情况会限定他阅读的范围和内容,这也不能不说是李慈铭人生经历的一种悲哀。

李慈铭作为晚清的学者型藏书家,读书治学带有那个时代学者们的共性,虽然读书广博,但最感兴趣的还在史学方面,他自己说:"生平所不忍自弃者有二:一则幼喜观史,一则性不喜看小说。"李慈铭从十一岁开始便专研史学,这个兴趣爱好一直延续到他的晚年,他比较热衷研读正史,投入精力算是最多的。从咸丰丙辰(公元 1856 年)三月初一日开始到光绪丁亥(公元 1887 年)十月初四日止的三十一年间,李慈铭总共读了二十一部正史。不过,他对正史也不是一视同仁地对待,他比较偏爱《史记》《汉书》之类,二三十年间反复地读,但对《三国志》《陈书》《南史》之类的翻翻便束之高阁了。

李慈铭的一生都在勤于藏书和读书,这与他的家世不无关系。他出身不错,生于名门望族,从小聪敏好学。道光十二年(公元 1832 年),李慈铭四岁,就跟着他的祖母在白桦绛树阁里开始读书。到五岁的时候,已经能认识好几千个字了。他的祖母当时很疼爱他,怕他累着,不准他去学太多的东西,但李慈铭实在太好学了,总是缠着他的父亲多教他识字,乐在其中。李慈铭从七岁开始进入学堂学习,八岁那年开始到水香楼读书,读《吴梅村诗集笺注》,九岁就开始读《诗经》了,十岁那年拜杜梦蓉为师,开始读《唐诗》。从十一岁起,他跟随张震开始了科举功名的学习,学习作文、私抄《历代帝王谱》。李慈铭十四岁那年到壮改斋学习,开始读史作诗,这时候他读了《红楼梦》,非常喜欢。十五六岁后他开始喜欢诗歌骈文,昼读夜诵,勤奋异常。二十四岁那年读了《明诗综》以及经部书籍《学海堂经解》。此后数十年如一日,勤奋攻读,常常一读就到深夜。光绪七年(公元 1881 年),李慈铭已经五十二岁了,还从大年初一开始就忍受家中冰寒读书到深夜。读书无一日去手,也无酷暑寒冬,病床羁旅,勤苦至极。甲戌十月(公元 1874)十六日那天,他读《世说新语》,“清晨校毕,比日严寒,始拥作字,不下百十条”,“三日来杂校《后汉书》,多附以小注,……秃笔总书,目昏指兰,疲苶殊甚,似非病中所宜,当少辍之,以息目力”。李慈铭不以读书为苦,乐在其中,读书成为他缓解疲惫、愉悦身心的途径。在他的卧床左右,罗列书柜,并排盆花,自已非常得意地说:“书可以读,花可以赏,二者兼得,其乐无穷。”他甚至把读书看作寻求健康之道,觉得读书像在给人看病,当然不能乱读,还要对症下药。他读完《储光羲诗集》后感慨地说:“读之觉景物高爽,即有清风拂拂从纸上来,小病为减。”读了《晋问》后这样说:“比日暴暑不可堪,又苦沉疴为累,几无生人之乐。午后强起,读柳文《晋问》一篇。未数行,觉甚劳。欲辍,力竟读之,觉胸襟顿开,洒然自喜。仰视窗外,夕阳西颓矣。毛发间便翕翕有凉风来,乃知《七发》起病,洵非虚语。”

李慈铭如此勤读、乐读,终成为晚清著名的文史大家,他的读书治学之法值得后人学习、借鉴。李慈铭读书在三个方面比较注重,版本鉴别、文字校勘、评论札记。清朝时期的大多数藏书家有个特点,他们认为读书不只是埋首案前、中间思考的过程,读书还需加上对待所读书籍的鉴别、选择等诸个环节,这些藏书家认为鉴别、选择正确的图书典籍的版本,掌握丰富的校勘以及甄别方法,是使读书更得法的一个非常重要的前提。李慈铭也不例外,他每每选择读一本书时,总要先对这本书的版本进行考辨、序其源流、考其作者、卷目等。

他非常注重对书籍版本的信息详加考订,而且还要追溯版本之间的递嬗渊源,以及书籍所据底本及采用之校本。李慈铭偏爱史书,所以对史书版本的选择更是分外讲究。他所读过的《汉书》《宋书》《南北史》选用的是明汲古阁本,《梁书》《隋书》选用的是明北监本,《魏书》选用的是宋监本。李慈铭对版本如此重视和考辨,自然为后世学者研究版本学提供了许多资料,而且也起到了如何选择优质的版本来阅读的指导示范作用。李慈铭读书审慎且严谨,读书之时对书进行校正,他自己说"丹黄手校,必严必精","凡目之所及,讹误之处,均一一更正","其内容或校一字一词之误,或释一字一词之义"。也正因为如此谨严,他以精于训诂、通释假借、旁征博引、细入豪芒而著称于世。读《汉书》做校勘时,李慈铭就做到了正裴骃之误、订王念孙之拙、纠师古之谬,而立义精湛、精义纷陈,因此,此书成为不失为史籍考据的经典之作。另外,李慈铭喜欢一边读书一边记录读书心得,而且是"每读一书,必求其所蓄之深浅,致力之先后,而评骘之,务得其当,后进翕然大服"。他的读书笔记一般先记录文本本身,版刻、文字、作者等,随后就是对图书的优缺之处以及价值高低做评判,最后的环节就是对作者的学术水平做一个总体评价。他的读书笔记不是就书论书,而是读后有感而发,对前辈学者的谬误敢于大胆纠正,也敢于鞭挞不良学风,所做出的评论比较中肯、公允,言简意赅、一语中的。他在读明朝凌迪知撰写的《万姓统谱》时,认为该书"胪载详尽,考姓氏者莫便于是书",但"其书失于过繁,庞杂抵牾,固然悉数"。学者伦明在《辛亥以来藏书纪事诗》里评价李慈铭:"订疑补缺用功深,字细如蝇密似针。酒诰原来称脱简,焦琴何幸得知音。”经李慈铭手校、手批、手跋的图书典籍多达三百种,总计九十四万字之多。

综观李慈铭藏书、读书的一生,他不仅是善于读书的藏书家,还是一位很有成就的著作家,一生著作等身,汇集成书的集子有五十多种,七八百万字。所著内容涉及文学、史学、经学、小学、方志学等诸多方面。学者平步青说他“可谓硕学鸿文,蔚为著述者也”。李慈铭一生的著作影响最为深广的还是他的《越缦堂日记》,这部书规模最为宏大。洋洋数百万言的《越缦堂日记》可以说是李慈铭治学的集大成者,被世人赞誉为“日记之大观,掌故之渊薮”。李慈铭的《越缦堂日记》与叶昌炽的《缘督庐日记》、王闿运的《湘绮楼日记》、翁同龢的《翁同龢日记》并称为晚清四大日记,而《越缦堂日记》被世人公认为四大日记之首。李慈铭的这部《越缦堂日记》从咸丰四年(公元 1854 年)写起,到光绪二十年(公元 1894 年)截止,跨越了三个皇帝的当政朝代,耗费了他四十年的心血,可谓是他铢积寸累而写成。《越缦堂日记》主要是对晚清时期的朝野见闻、古物考据、人物评述、史事记录、山川游历、风土民情、书画鉴赏以及北京等地的社会风貌所做的记载。当然《越缦堂日记》中还收录有李慈铭自己创作的诗词、骈文作品,以及大量的读书札记等。史料价值之大自不必说。但是,这部《越缦堂日记》的出版费尽周折,直到“民国”初年的时候,才在蔡元培、傅增湘、王幼山等人的捐助下,由商务印书馆影印出版了六十四册日记稿的后五十一册。1936 年,在蔡元培的鼎力支持下,商务印书馆才又石印出版了剩余的那十三册日记,命名为《越缦堂日记补》。当然,李慈铭除了《越缦堂日记》之外,还有许多其他的著作,而且他有一部分著作还未见传世,这部分作品包括《正名》《说文举要》《缙绅录注》《元代重儒考》《松下集》《临朝备考录》

《古今南人宰相表》等,需要后人给予挖掘和整理。

对于藏书家而言,藏书是为读书所做的必备前提,藏书家们大都认为藏书是为了读书,读书成为他们藏书的主要动机。李慈铭就是这样,他的学术成就与他一生藏书、爱书、读书、鉴书、编书及著书的文化传播实践与学术研究活动密不可分,藏书是他读书的基础,读书是著述的前提,著述又成为他藏书的目标与读书的升华。李慈铭是晚清时期著名的学者,是一个应该关注和值得解剖的历史标本,他藏书、读书、著述的一生成为晚清藏书家人生历程的一个缩影。

李文田

李文田(公元 1834－1895 年),字仲约,号药农,广东顺德均安人,是晚清著名的政治家、史学家、书法家和藏书家。李文田于咸丰九年(公元 1859 年)中一甲第三名进士,即探花,随后他出仕做官,先后担任过江西学政、侍读、侍讲学士、礼部右侍郎等职务。甲午战争爆发后,他又被清朝政府授命为京师团防大臣,掌管京城的防务,第二年便忧愤而死。辛亥革命后,他的弟子梁鼎芬等给溥仪上奏,赐予他谥号文诚。

李文田在老家广州闲居时期,为自己修建了一座藏书楼,命名为泰华楼,但泰华楼修建的具体年份已经难以确证。同治十三年(公元 1874 年),李文田曾给慈禧太后上奏进谏重修圆明园,同时,奏称母亲徐夫人年老,乞请归养。就在这一年的七月,他辞官回了老家广东。李文田解甲归田之后,曾经借居在亲家顺德龙氏的清晖园内,这段借居日子不长,后来他住在广州西关自己修建的宅邸中,泰华楼就在这座宅邸之中,推算修建的年代应该在光绪初年(公元 1875 年)或稍后修建。当时的名士陈澧为泰华楼题了匾额，匾额落款是戊寅年，即光绪四年（公元 1878 年），由此推断，泰华楼的修建年代应该与戊寅年相距不远。泰华楼落成之后的几年内，李文田一直在这里住着，直到光绪十一年（公元 1885年），他为母亲守孝结束了，清朝政府把他召回北京，以侍读学士的身份进入南书房任职，从此，李文田直到去世再也没有回过泰华楼。

李文田对泰华楼的修建花费了很多心血，他对风水堪舆之学比较重视，对泰华楼的建筑选址进行过很细心地勘测和设计。他的泰华楼建在一条小河弯曲的位置上，泰华楼刚好被小河环抱。从风水学的角度讲，这样的地方是气脉之所聚，但实际上这样的选址更为实用，一方面可以从泰华楼很方便地乘船进出省城，另一方面藏书楼一旦失火，就地取水救火也很方便，这与中国古代历史上许多藏书楼在楼前凿池蓄水有异曲同工之妙。泰华楼现今仍然存在，建筑面积大约有四百五十平方米，占了李文田宅邸建筑的五分之一左右，位于宅邸的北面。但李文田去世后，他的子孙败家，把宅邸陆续卖给了别人，最后仅留得泰华楼做了住家之所。曾经的探花宅邸现今有一部分已经片瓦无存，幸运的是唯有泰华楼还完好如初。

泰华楼的正门朝东，有小型门厅一座，门是用杉木做的，两扇开，形状简单朴素。进门后便是一个天井庭院，面积有六十平方米左右，门厅的左侧有一间耳房，是原来看书的佣人所住的地方。最初的天井庭院中种着一棵苦白兰，现今早已枯死了。庭院里建有假山英石，砌有鱼池，种有花草，环境清幽雅致。天井中还有井一口，红砂岩做的井栏，水质清澈，曾经是书楼中人的饮用水源。泰华楼是朝南座向，三开间的两层建筑，正对庭院，采光和通风非常好。正厅的面积大约有四十八平方米，高约六米，铺着广东特有的红色泥质地砖，而书楼的砌砖用的则是普通的青砖。

李文田一生为官比较清廉,余钱都用来购置了藏书,所以泰华楼在用料和设计上比较朴实无华。泰华楼作为藏书的专用楼,在建筑设计上有参考江南一带藏书楼的特点,采用两层近水的楼阁建筑,这在当时广州一带的藏书楼中别具一格。泰华楼的正厅中间悬挂着当时广东的名士陈澧题写的匾额,匾是楠木做的,长有两米,高为三十六厘米,字体用石绿填涂,匾额上右侧是篆书“泰华楼”三个字,左侧是铭文,写着“东泰西华,秦篆汉隶,如此至宝,是为稀世。谁其得之,青莲学士。有大笔兮一枝,与双碑兮鼎峙。戊寅仲春为仲约尊兄书榜并系以铭”。陈澧和李文田是好朋友,铭文上记载的其实是泰华楼所藏的两件拓本:宋拓《泰山碑》与《华山碑》。这是李文田最珍视的两件藏品。正厅的左右两侧有偏房,左侧的偏房专用于李文田读书著作,里面放有一张酸枝木做的书桌,是广式的七抽屉样式,抽屉特别长,有八十厘米,里面可以放置多种文具。右侧的偏房到底做什么用的仍不太清楚。两侧偏房的窗户都朝向庭院,采光很好。正厅的阁楼与相连的二楼便是李文田的藏书之地,楼梯的入口在正厅的北侧,开有一个小门通往二楼。楼梯的设计很巧妙,藏在正厅的后墙和书楼的后墙之间,这在当时广州的建筑中非常少见。书楼的后墙上设有两个小窗,空气可以南北对流,排除了书楼内的潮气。书楼的阁楼上放着四个藏书柜,是杉木做的,有三层,高两米,每层高为五十五厘米,每层可以单独分开做书箱使用,叠起来放即是书柜,每层侧面都有铁制提环,方便搬运,设计非常巧妙。书柜的底部为杉木制的底座,和地面有三十厘米的间隔,地板的潮气不会侵入书箱。书箱里还放置有晒干的芸香草,用来防虫蛀。正厅的右侧与门厅相对的是藏书楼的附楼,上面的匾额为纪妍室,是后来马国权先生刻篆的,用以纪念李文田的孙女李妍女士。这座附楼原是李文田歇息的地方。

李文田在泰华楼所收藏的图书典籍,与当时一般的藏书家有些差别。他很有学者的派头,选择藏书的范围比较严谨。李文田本人没有像其他藏书家一样,给自己的藏书编撰目录,但是清朝晚期有名的三种藏书纪事诗中都收有泰华楼的书目,很清晰地反映出泰华楼的藏书情况及其藏书的流散变迁。叶昌炽是最早记录泰华楼的藏书事迹的,他在《藏书纪事诗》卷七中这样描述李文田的藏书情况:"长笺垂尺密于帘,堆床插架甲乙签。朔乘和林金石考,文园遗稿寄灵鹣。"叶昌炽还在注解中写李文田:"邸舍在北半截胡同,几榻以外唯图籍,列椟数十,皆启其幨。手题书签,长至尺许,下垂如帘,甲乙纵横,密于节比。精于碑版之学,而于辽、金、元三史尤洽熟,典章舆地,考索精详,所著有《元秘史注》《元史地名考》《耶律楚材西游录注》。元和江建霞太史,其戊子典试江南所取士也。刻《灵鹣阁丛书》,以侍郎所著《朔方备乘札记》《和林金石考》付梓焉。昌炽亦从译署得和林石刻摄影本,辑录其全文,将有所考释焉,见侍郎书而止。所见京朝士大夫耄而好学,奖掖后进,通怀乐善,不啻口出如侍郎者,今岂可得见哉。"李文田在北京做官时,住在北半截胡同。那个时候,南、北半截胡同是北京文化名人们的聚居之地,当时的叶昌炽还是个初出茅庐的小伙子,由潘祖荫引荐,结识了李文田,对这位前辈的热衷藏书十分仰慕。他提到泰华楼的藏书偏向之一就是西北史地方面的专著。而光绪初年时期,清朝政府和俄国因为中国西北边界问题多次发生纠纷,清朝政府中的官员也开始关注西北地理问题的研究,李文田切中时弊,不以宋元版本作为重点,而偏取别的藏书家忽略的西北地理和明代文集收藏,与他身为清朝政府的官员身份有关系。而且,现在泰华楼留存下来的大部分图书典籍都是关于西北史地方面的，而《元秘史注》《耶律楚材西游录注》等书是李文田活着的时候自己亲自刊刻的。李文田去世后，他的学生和朋友还帮他整理出版了《朔方备乘札记》和《和林金石考》等图书，其中的一个学生就是叶昌炽在注解里提到的江建霞，即藏书家江标。江标是李文田在典试江南的时候所取的门生，曾为李文田刻过不少的图书。

李文田去世时，他的儿子渊硕仅有十二岁，还没有成年，当时慈禧太后很赏识李文田，念及他的勋劳，封赏渊硕员外郎行走的官职，但李家还是很快就搬离了北京，李渊硕带着他父亲留下的几十箱藏书回了广州。后来，藏书家伦明到泰华楼拜访，参观了李文田的藏书后，在《辛亥以来藏书纪事诗中》记载泰华楼的藏书情况："地征西北史南天，著作名山有佚编。不读书衣题识偏，那知精识媲全（谢山）钱（竹汀）。顺德李仲约侍郎文田，素究《元史》地理，好搜明季野史，其未刊稿，以《元史地名考》最巨，而家藏本缺佚将半。余所见柯凤孙有一册，东方图书馆有一册，闻上海某家亦有一册，合之可成完书。其《四库全书进呈表笺注》，则高州林某窃而刊之。余于己巳岁，始得观其所藏。每书衣皆有题识，辩证书中得失，无不精切，不似他藏书家但记得书岁月，版刻源流也。丁氏持静斋中诸钞本，侍郎多有其副，中丞子惠衡所写赠也。"可见伦明到泰华楼拜访是在己巳年，己巳那年是"民国"十八年(公元1929年)，当时伦明看到的泰华楼，藏书已经散缺了不少。《元史地名注》是李文田所写的一部很重要的著作，但是由于种种原因一直没能刊行，稿本到1912年的时候散落出去，被好几个私藏家收藏。李渊硕不及他的父亲李文田那样上进，一生没有什么作为，为了生计开支，一直在零散地出售泰华楼的藏书。伦明看到的泰华楼的藏书情况，也是根据书衣(封皮)上李文田留下的手写的题识标记而推测的。李文田生前喜欢用魏体楷书题写书名,而后用小字记录书的版本情况,最后用简短的语句对书做一个总体评价。从伦明的记载中可以看出,泰华楼藏书的另一偏向是明代野史与明人别集。李文田曾经担任礼部侍郎的官职,负责掌管清朝政府的科举考试,而他本人却对清朝政府明令禁毁的明朝时期的史料有着极为浓厚的兴趣。他生前花费了很多精力收购清朝初期政府禁毁的明人野史和文集。而伦明在记载中提到的泰华楼所藏丁日昌持静斋的藏书抄本,则是丁日昌父子赠送的。丁日昌和李文田是广东同乡,同在朝中为官,又同样有着藏书的嗜好,两个人关系很好,所以丁日昌会把自己所藏的善本抄录副本赠送给李文田。

另一位记录泰华楼藏书情况的人是徐信符。他是广东的藏书家,南州书楼的主人。他所记录的是泰华楼抗战后期的藏书情况。他在《广东藏书纪事诗》中这样说:“明代遗民元代语,两朝秘史广储藏。李文田字仲约,一字若农,顺德人,咸丰己未探花及第,累官礼部侍郎。富收藏,精于鉴别,颜所居曰‘泰华楼’,因所藏宋拓《华山碑》而得名也。书籍多为人间不经见之珍本,稍有宋元旧椠,而明代野史,皆属钞本,多至百种以上。即名贤文集,亦皆秘本,多藏家书目所未载。文诚并精于目录学,官京师时,有《简明目录》一部,其简端即分录孙星衍所记,邵懿辰所标注,缪荃孙所校订诸本,颇为详备。又著有《四朝书刻纸版考》,于版本辨别最精,其稿版存萍乡文素松氏。迨广州沦陷,泰华楼所藏,闻有损失,唯有一部分早已移置北平,转寄于燕京大学云。”李渊硕1944年因病去世,留有两个儿子和一个女儿,大儿子李棪是古文字学家及明史学家,曾经跟随罗振玉、洪业等人研究文字学和史学,著有《东林党籍考》等书,先后在燕京大学和伦敦大学任教。抗战时期,李葤正在燕京大学教书,为了家中的藏书安全考虑,他把泰华楼最有价值的部分藏书运到北京,藏入燕京大学图书馆内。抗战结束后,李葤应聘到伦敦大学讲学,离开了中国,走之前,把这批藏书托付于好朋友邓之诚保管。邓之诚和李葤是相识多年的好朋友,对李葤的托付非常用心。他深知这批藏书的价值,帮李葤出版了《东林党籍考》,去世之前还将部分李葤所托付的藏书捐赠给了中国社科院的图书馆。而李葤没能带走的泰华楼的剩余藏书在抗战时期遭受了巨大的损失。中华人民共和国成立后, 泰华楼成了李渊硕的小儿子李曲斋和女儿李妍的居住之地, 残存下来的那部分藏书在 1954 年的时候被北京书肆带经堂的王炳昆买走了一部分,数量有几百册之多,其中还有李文田的批校本。泰华楼最后剩余的那部分藏书在“文革”时期被“红卫兵”全部抄劫而去,后来有很小的一部分辗转藏入中国国家图书馆中,其中经李文田亲手批校的有三种:《全边略纪》十二卷,清抄本,李文田校注并跋,七册;《西游录注》一卷,灵鹣阁丛书本,李文田注,王国维校注,一册;《职方外纪》五卷,守山阁丛书本,李文田批注。其实这三种书属于泰华楼次等的藏书,算不上珍品善本。灵鹣阁的主人江标是李文田的学生,《职方外纪》这一书很有可能是江标赠送给李文田的。《西游录注》很有可能是泰华楼的散出之书,因为王国维与李文田并无交集往来。

李文田最珍视的两部宋代拓本《泰山碑》和《华山碑》最后的归宿。《泰山碑》在抗战时期被李渊硕售出,下落不明。而《华山碑》的碑刻本身在明朝中期的时候已经毁于地震,清朝时期仅留存四种明朝之前的拓本, 李文田所藏宋代拓本是四种中最完善的一种,称为顺德本,李文田最初得手之时拓本缺着三页,他后来请赵之谦补齐了那所缺三页。在这部拓本中,还有孙星衍、龚自珍等数十位名家学者为宋代拓本所做的题跋。《华山碑》拓本被李家视为传家之宝，被李氏三代人保存了九十多年，但20世纪80年代的后期，李氏把这部拓本转让给了香港利氏北山堂，后来利氏北山堂又把这部拓本捐赠给了香港中文大学的文物馆，现在，《华山碑》拓本成了该馆所藏重要文物之一。

泰华楼所藏的珍品善本，还有一部分在李棪的《清代禁毁书目考补注》序言中有记录，他说："乾隆中修《四库全书》所刊禁书目，每省各有之，而本各不同。予家旧藏福建刊本，题曰《应禁书籍目录》。"《应禁书籍目录》是乾隆皇帝当政时各省所刊印的禁书目录，当时在极小的范围内流通过。乾隆皇帝为了遮人耳目，不但书籍禁毁，禁毁书籍的目录也要销毁，所以流传迄今的禁毁书籍目录极为罕见，现今所能查阅到的也仅是四川、江宁以及军机处的留存目录，福建刊本就只有泰华楼的旧藏著录了，可惜的是，原本也不知散落何处去了。《应禁书籍目录》中还著录有明朝张溥撰写的《七录斋集》二十二卷；顺德李氏藏崇祯丙子刊十二卷本及翻印附诗十六卷本，又续刻六卷本；明朝李觉斯著的《觉斯疏草》三本。《觉斯疏草》在康熙年间曾经刊印过，流传现今的非常稀少。《觉斯疏草》写的多是关于辽人的事情，但是因为里面收录有《拟广宁锦州三战之役贺表》，就被康熙皇帝列入焚毁书籍之中。但是这部《觉斯疏草》在《军机处奏毁目录》中没有发现，其他藏书家的著录中也没有发现，由此推知应该是李文田所藏的珍罕之本了。李文田的后人曾以顺德李氏的名义把泰华楼的藏书送到1940年在香港举办的广东文物展览会上展出，其中有许多李文田的亲笔批校本，如《西域考古录》《使西域记》《帕米尔图例》《塞外杂识》《俄属游记》《至元译语》《华夷译语》《蒙古源流考》《近光集》《黑龙江外记》《北征后录》《西游记》(红皮本、栗皮本各一)、《出塞纪略》《西游记》(白纸本、黄纸本各一)、《柬埔寨以北探路记》《西域释地》《万里行程记》《西陲要略》《汉书西域传补注》(落水本)、《柳边纪略》《西域水道记》《西域地理图说》《辽左见闻录》《西域经行纪》《西北域记》(原写本)、《俄国路程》《宁古塔纪略》《坤舆图说》《龙沙纪略》(白纸本、黄纸本各一)、《秦边纪略》《西藏纪略》《读史拾遗》《水道提纲》《元朝秘史》《辽史》《元史》《续资治通鉴》《唐书》以及《旧唐书》等。值得一提的是,《至元译语》与《华夷译语》两书如果没有一定的外语水平是难以做批注的,可见李文田在外语的造诣上也很深。可惜这批藏书在抗战结束后大部分被李氏后人售出,当时的著录信息又非常有限,所以这些书的版本信息已经无从考证了。

李文田喜欢在藏书封面做批注,但很少会在藏书上钤盖印章,能看到的也只有白文“李文田印”和朱文“仲若所藏图籍”等很少的几种。不过好在泰华楼的藏书上多有李文田亲笔题写的书衣,所以还是比较容易鉴别。李文田一生对于批书很用心,广东省立中山图书馆近年接受所得的一批中医类古籍中,就有他批校的《伤寒说意》等数种,有些条目批注甚至多达数百字。广东省立中山图书馆得到的这批古籍是已故医生黄彪的家属捐赠的,有一部分属于史学书,但大部分属于医学书籍,其中还包括明朝时期刊刻的医书《千金方》等十五种。但是这批捐书并不是全部钤盖着李文田的藏书印,所以难以确认全部来自泰华楼的原有藏书。李文田这个人除了精通西北史地之学,在医学和堪舆学上也很有造诣,只是没有留下相关的著作。李文田曾经写过一句“却病陬生术未精”的诗,感叹自己虽然懂医术,最终却没能治好自己心爱小妾的病,由此推测泰华楼中应该有相当数量的医学古籍藏书。不过,这批捐赠书中的部分书衣上有墨书题记,标明书名、所属丛书等信息，经鉴定，其中大部分的魏碑字体应该出于李文田的学生南海李宗灏的手笔，但是其中有两种，如《伤寒说意》，笔意相对硬朗健挺，应该是李文田亲笔题写的。李宗灏是李文田的学生，泰华楼的很多藏书后来由他负责整理并题写书衣，还曾在广州古籍书店中出售过一部分。当代的版本和目录学家王贵忱先生就藏有李宗灏的稿本，上面有李宗灏亲自手写的书衣，应该可以作为鉴别的依据。

李文田藏书的同时致力于批书，很多藏书中夹批的批注有时一页有几百字之多，可惜这些批校大多数迄今仍藏在各家图书馆中而未见天日，假若能够整理出版，那无疑是史学界的重要财富。当年徐信符刊行的多种李文田的遗著，就是在整理李文田收藏的图书典籍时，摘出李文田的眉批而成的，由此也可以看出李文田在读书治学之上的用功之勤。

如今，泰华楼虽然留存，但其中的藏书已经散尽，所有李文田藏书的精华部分大多数散到各大图书馆中收藏，《华山碑》最终也有了一个很好的归宿之地。泰华楼在 1993 年的时候被广州市政府列为市级文物保护单位，楼前墙上立有保护单位的标志。泰华楼曾在 1992 年时由李曲斋出资重新加固修缮，换去了被白蚁侵蚀的木质构件。近几年，广州市荔湾区政府也投入很多资金对泰华楼以及它附近的环境进行改造。可是治安却成了泰华楼的一大隐患，曾于 2005 年的时候被偷盗过，损失了花园中的清代制造石湾窑花座好几个，但好在泰华楼本身没有受到影响。如今的泰华楼里还保存着很多和李文田藏书有关的重要文物，而且泰华楼成为广州地区仅存的古代藏书楼建筑，它对研究岭南地区藏书史具有不可替代的珍贵价值。我们唯有希冀泰华楼能得到更好地保护和利用，留存得更加久远一些。